A BNCC EM FOCO:
discussões sobre ensino de língua portuguesa

Todos os direitos desta edição reservados a Pontes Editores Ltda.
Proibida a reprodução total ou parcial em qualquer mídia
sem a autorização escrita da Editora.
Os infratores estão sujeitos às penas da lei.
A Editora não se responsabiliza pelas opiniões emitidas nesta publicação.

Dados Internacionais de Catalogação na Publicação (CIP)
Tuxped Serviços Editoriais (São Paulo - SP)

R696b   Rodrigues, Siane Gois Cavalcanti; Leal, Telma Ferraz (org.).
A BNCC em Foco: discussões sobre ensino de Língua Portuguesa / Organizadores: Siane Gois Cavalcanti Rodrigues e Telma Ferraz Leal.– 1. ed.– Campinas, SP : Pontes Editores, 2021.
205 p.; il.; tabs.; fotografias.

Inclui bibliografia.
ISBN: 978-65-5637-144-3

1. Educação. 2. Ensino. 3. Formação de Professores. 4. Língua Portuguesa. I. Título. II. Assunto. III. Rodrigues, Siane Gois Cavalcanti. IV. Leal, Telma Ferraz.

Bibliotecário Pedro Anizio Gomes CRB-8/8846

Índices para catálogo sistemático:

1. Educação. 370
2. Didática - Métodos de ensino instrução e estudo– Pedagogia. 371.3
3. Língua portuguesa. 469

Siane Gois Cavalcanti Rodrigues
Telma Ferraz Leal
(Orgs.)

A BNCC EM FOCO:
discussões sobre ensino de língua portuguesa

Pontes

Copyright © 2021 - Das organizadoras representantes dos colaboradores
Coordenação Editorial: Pontes Editores
Editoração e Capa: Eckel Wayne
Revisão: Joana Moreira

PARECER E REVISÃO POR PARES
Os capítulos que compõem esta obra foram submetidos para avaliação e revisados por pares.

Conselho Editorial:

Angela B. Kleiman
(Unicamp – Campinas)

Clarissa Menezes Jordão
(UFPR – Curitiba)

Edleise Mendes
(UFBA – Salvador)

Eliana Merlin Deganutti de Barros
(UENP – Universidade Estadual do Norte do Paraná)

Eni Puccinelli Orlandi
(Unicamp – Campinas)

Glaís Sales Cordeiro
(Université de Genève - Suisse)

José Carlos Paes de Almeida Filho
(UnB – Brasília)

Maria Luisa Ortiz Alvarez
(UnB – Brasília)

Rogério Tilio
(UFRJ – Rio de Janeiro)

Suzete Silva
(UEL – Londrina)

Vera Lúcia Menezes de Oliveira e Paiva
(UFMG – Belo Horizonte)

PONTES EDITORES
Rua Dr. Miguel Penteado, 1038 - Jd. Chapadão
Campinas - SP - 13070-118
Fone 19 3252.6011
ponteseditores@ponteseditores.com.br
www.ponteseditores.com.br

2021 - Impresso no Brasil

SUMÁRIO

APRESENTAÇÃO 7

CAPÍTULO 1
ESTRANHANDO A BNCC: QUESTÕES DE GÊNERO, SEXUALIDADE E CURRÍCULO DE LÍNGUA PORTUGUESA NA EDUCAÇÃO BRASILEIRA 11
Iran Ferreira de Melo

CAPÍTULO 2
PERSPECTIVAS DA BNCC SOBRE A CENTRALIDADE E A NATUREZA TRANSDISCIPLINAR DO TEXTO NO ENSINO DE LÍNGUA 39
Sônia Virgínia Martins Pereira

CAPÍTULO 3
ARGUMENTAÇÃO NA BNCC E NA PRÁTICA DOCENTE: REFLEXÕES SOBRE UMA EXPERIÊNCIA COM CARTAZES EDUCATIVOS NO CICLO DE ALFABETIZAÇÃO 67
Telma Ferraz Leal
Ana Carolina Perrusi Brandão

CAPÍTULO 4
ENSINO DE LEITURA PARA AS CRIANÇAS DOS 1º E 2º ANOS: O QUE PROPÕEM A BNCC? 103
Clecio Bunzen

CAPÍTULO 5
ORALIDADE E ANÁLISE LINGUÍSTICA NA BNCC: CONCEPÇÕES E RELAÇÕES 137
Ewerton Ávila dos Anjos Luna
Hérica Karina Cavalcanti de Lima

CAPÍTULO 6
RETEXTUALIZAÇÃO NA BASE NACIONAL COMUM CURRICULAR: DAS PROPOSIÇÕES ÀS ESTRATÉGIAS DIDÁTICAS PARA TRATAR DA RELAÇÃO FALA-ESCRITA 155
Tânia Guedes Magalhães
Débora Amorim Gomes da Costa-Maciel

CAPÍTULO 7
A BASE NACIONAL COMUM CURRICULAR BRASILEIRA E O LUGAR DA FONÉTICA, DA FONOLOGIA E DA VARIAÇÃO NO ENSINO FUNDAMENTAL ANOS FINAIS 181
Siane Gois Cavalcanti Rodrigues

SOBRE OS AUTORES E AUTORAS..203

APRESENTAÇÃO

É sabido que os processos de implementação dos currículos são complexos, porquanto, longe de se darem de maneira pacífica, consensual, envolvem múltiplos posicionamentos axiológicos de estudiosos das diferentes áreas, bem como de indivíduos que são diretamente afetados pelas mudanças, justamente pelo seu caráter prescritivo, permeado por relações de poder.

Nesta obra, os autores lançam luz sobre a recém-lançada Base Nacional Comum Curricular (BRASIL, 2018), com foco na Língua Portuguesa. A obra se organiza em dois blocos temáticos. O primeiro, formado pelos capítulos de 1 a 3, trata de temas gerais que impactam o ensino de Língua Portuguesa, como gênero e sexualidade e seu aspecto transdisciplinar, a problemática da interdisciplinaridade e a potencialidade do trabalho com a argumentação. O segundo bloco, composto pelos capítulos de 4 a 7, volta-se para os diferentes eixos de ensino da Língua Portuguesa: a leitura, a oralidade e a análise linguística.

No capítulo 1, "Estranhando a BNCC: questões de gênero, sexualidade e currículo de Língua Portuguesa na educação brasileira", Iran Ferreira de Melo, trazendo à tona um tema de natureza transdisciplinar, problematiza o (não) lugar da discussão sobre gênero e sexualidade na BNCC e aponta saídas que o currículo de Língua Portuguesa pode ter no combate a tal problema. O autor parte, em sua discussão, de um dado alarmante constante do relatório da Comissão Interamericana de Direitos Humanos, segundo o qual o Brasil registra uma morte por lgbtfobia a cada 16 horas e mostra que esse dado revela a necessidade do debate em esfera pública sobre o assunto, principalmente no campo da Educação.

Sua análise mostra, entretanto, que o projeto de consolidação da BNCC só veio aprofundar o silenciamento ao tema, uma vez que não parametrizou a discussão sobre gênero e sexualidade em sala de aula.

A problemática da interdisciplinaridade é abordada Sônia Virgínia Martins Pereira, **no capítulo 2**, intitulado "Perspectivas da BNCC sobre a centralidade e a natureza interdisciplinar do texto no ensino de língua". A autora mostra que o enfoque na organização interdisciplinar dos processos de ensino e aprendizagem mantém-se na BNCC, em continuidade ao que propunham documentos oficiais anteriores. Entretanto, ainda há espaço para reflexões sobre concepções e modos como os referenciais curriculares abordam o tema no componente curricular Língua Portuguesa. Nesse contexto, o estudo apresenta reflexões teóricas e metodológicas em relação à questão e focaliza a produtividade e a aplicabilidade do texto como objeto privilegiado para o ensino da língua e das linguagens, por sua natureza transdisciplinar.

Em "Argumentação na alfabetização na BNCC e na prática docente: reflexões sobre uma experiência com cartazes educativos", **capítulo 3** da obra, as autoras Telma Ferraz Leal e Ana Carolina Perrusi Brandão discutem a importância da argumentação para o desenvolvimento e a aprendizagem das crianças, ressaltando que tal defesa aparece na BNCC em diferentes tópicos do documento, em torno da competência geral exposta na página 9. Ressaltam também que as demandas postas nesta competência incluem um trabalho consistente para o desenvolvimento de estratégias inferenciais que não é explicitado nos objetivos de aprendizagem do primeiro nem do segundo ano do Ensino Fundamental na BNCC.

No capítulo 4, "Ensino de leitura para as crianças dos 1º e 2º anos: o que propõe a BNCC?", Clecio Bunzen apresenta uma reflexão sobre o ensino de leitura para os anos iniciais, problematizando aspectos curriculares para compreender a proposta da Base Nacional Comum Curricular (BNCC, 2018) para o contexto brasileiro. A discussão perpassa uma reflexão sobre o impacto dos exames em larga escala para inserir a *leitura escolar* como um dos saberes essenciais, assim como das concepções de ensino de leitura que perpassam tais práticas avaliativas. Retomando discussões oficiais sobre o ensino de leitura em documentos curriculares oficiais dos anos 80 e 90, a autor busca contextualizar a emergência e o discurso pedagógico oficial da última versão da Base Nacional Comum Curricular para os Anos Iniciais. Em seguida, analisa com mais detalhes as propostas para o ensino de leitura para os 1º e 2º anos, destacando aproximações, sedimentações e algumas rupturas com os PCNs (1997).

Éwerton Ávila dos Anjos Luna e Hérica Karina Cavalcanti de Lima, no **capítulo 5**, intitulado "Oralidade e Análise Linguística na BNCC: Concepções e Relações", reconhecendo a importância de um ensino de Português voltado à formação do leitor/ouvinte proficiente e do produtor autônomo de textos que mesclam diversas linguagens, propõem-se a refletir sobre os eixos da oralidade e da análise linguística na BNCC, analisando as concepções de trabalho com a oralidade e com as questões linguísticas explicitadas no documento, sobretudo no texto inicial. Além disso, buscam, também, analisar o modo como se dão as relações entre esses dois eixos, observando se a análise linguística se configura como um eixo vertical.

No **capítulo 6** "Retextualização na Base Nacional Comum Curricular: das proposições às estratégias didáticas para tratar da relação fala-escrita", Tânia Guedes Magalhães e Débora Amorim Gomes da Costa-Maciel, refletem acerca da retextualização na Base Nacional Comum Curricular/BNCC (BRASIL, 2018), com vistas a propor estratégia didática para o trato da relação fala-escrita no âmbito dos gêneros textuais/discursivos. Para tanto, provocam o(a) leitor(a) a pensar em algumas questões como: para que ensinar retextualização? Qual capacidade discursiva podemos favorecer em nossos alunos(as) ao tratar dessa questão no contexto escolar? Quais as orientações da Base Nacional Comum Curricular para efetivar esse ensino? Em seguida, elaboram um conjunto de atividades, endereçadas a transpor a retextualização do âmbito teórico para o campo da didatização. Tais propostas, relacionadas aos Anos Iniciais do Ensino Fundamental, visam dialogar qualitativamente como o universo das demandas da sala de aula e buscam o engajamento do(a) professor(a), no sentido de adaptá-las a diferentes realidades de grupos-salas.

Siane Gois Cavalcanti Rodrigues empreende, no **capítulo 7**, "A Base Nacional Comum Curricular Brasileira e o Lugar da Fonética e da Fonologia no Ensino Fundamental Anos Finais", uma discussão acerca do lugar ocupado pela Fonética e pela Fonologia na BNCC dos Anos Finais do Ensino Fundamental. A análise empreendida mostrou que os conteúdos relativos às áreas em pauta fazem-se presentes no referido documento em todas as séries do Ensino Fundamental Anos Iniciais, mas são ausentes do Ensino Fundamental Anos Finais. Por oposição a esse quadro, a Morfologia e a Morfossintaxe são previstas para todos os anos desses dois níveis de ensino. Segundo o documento, a Morfologia deve ser contemplada do 1º ao 9º ano e a Morfossintaxe, do 3º ao 9º. Esse parco espaço reservado, nas orientações curriculares, aos saberes da Fonética e da Fonologia, em contraste com o lugar ocupado pela Morfossintaxe, tem como pressuposta a equivocada ideia de que aquelas áreas somente são necessárias nos primeiros anos de escolaridade dos alunos, quando os discentes estão se apropriando da escrita e consolidando essa habilidade.

Trata-se de uma obra essencialmente dialógica, que, na verdade, é um convite aos leitores para um profícuo diálogo acerca da BNCC, documento idealizado para nortear o currículo nacional que, portanto, precisa estar na pauta das discussões de todas as áreas do campo curricular.

Desejamos a todos uma boa leitura.

Siane Gois Cavalcanti Rodrigues e Telma Ferraz Leal
Organizadoras

CAPÍTULO 1

ESTRANHANDO A BNCC: QUESTÕES DE GÊNERO, SEXUALIDADE E CURRÍCULO DE LÍNGUA PORTUGUESA NA EDUCAÇÃO BRASILEIRA

Iran Ferreira de Melo

> *Como desejo, a língua rebenta,*
> *se recusa estar contida dentro de fronteiras.*
> (bell hooks, 2017, p. 223)

INTRODUÇÃO

Este capítulo desenvolve uma leitura de como a Base Nacional Comum Curricular, aprovada recentemente no Brasil, está a serviço do combate às assimetrias violentas que são causadas pelo desrespeito à diferença de gênero e sexualidade. Além disso, este texto promove um olhar para o componente curricular Língua Portuguesa, como um domínio por meio do qual se podem criar alternativas potentes para refletirmos sobre como combater tais assimetrias, notadamente pelo compromisso que este componente possui com a análise das performances que a linguagem exerce como prática social, seja na crítica a um projeto de subalternidade, seja na promoção da emancipação humana.

COMEÇANDO POR CONTEXTUALIZAR UM POUCO A BNCC

Após intensos debates públicos, em quinze de dezembro de 2017, foi aprovada pelo Conselho Nacional de Educação (CNE), com vinte votos a favor e três contra, a quarta versão da Base Nacional Comum Curricular (BNCC), documento normativo que busca implementar parâmetros para a construção de currículos nas redes de ensino de todo o Brasil, estabelecendo, a princípio, os conhecimentos que estudantes devem desenvolver na Educação Infantil (EI) e no Ensino Fundamental (EF), de modo a assegurar direitos de aprendizagem, em conformidade com o que preceitua o Plano Nacional de Educação – PNE (Lei nº 13.005). O documento, para ser aprovado, deveria tramitar não apenas pelos órgãos legislativo e executivo federal, mas ser produzido de forma participativa, contemplando o interesse de diferentes grupos sociais, mormente aqueles que compõem o campo educacional. Em função dessa construção coletiva, antes de ser homologado, o texto passou por diferentes versões e foi dividido em duas etapas, sendo a primeira concluída com a homologação das diretrizes para as duas fases inicias da escolarização (EI e EF), em 2017, e a segunda para o Ensino Médio (EM), em 2018. O fluxo de elaboração ocorreu por meio das seguintes etapas:

Quadro 1 – Fases de elaboração da BNCC

jun. 2014	O PNE estabelece que a BNCC seja construída em até dois anos.
set. 2015	O CNE apresenta à consulta pública uma primeira versão do texto da BNCC.
mar. 2016	Encerra-se a fase de consulta pública para contribuições à primeira versão do texto[1].

---

[1] Considerando que a produção deste documento de Estado, ainda que engendrado de forma colaborativa, é fruto de atuações políticas que dão corpo à gestão do processo, cabe ressaltar que, em meio às etapas de elaboração da BNCC, em abril de 2016, a presidenta Dilma Rousseff – legitimamente eleita em 2014 – foi destituída de seu cargo por força política de um golpe arquitetado em alas partidárias opositoras a ela e com ampla participação do seu vice-presidente, Michel Temer, que passou a governar o Brasil até o fim da elaboração da Base.

mai. 2016	Após sistematizações das contribuições à primeira versão, fica pronta a segunda versão do texto, que é, novamente, apresentado à consulta pública para se fazer uma terceira versão.
jul. 2016	O Governo Federal, já prevendo a futura aprovação da Reforma do Ensino Médio, divide a Base em duas: uma para a EI e o EF e outra para o EM.
ago. 2016	Encerra-se a fase de consulta pública para contribuições à segunda versão do texto.
set. 2016	O Poder Executivo anuncia Medida Provisória de Reforma do Ensino Médio.
abr. 2017	Após sistematizações das contribuições à segunda versão, fica pronta a terceira versão do texto.
jul. a set. 2017	O CNE promove cinco audiências públicas para nova consulta sobre o documento e entrega ao MEC uma quarta versão com ajustes feitos nas audiências.
nov. 2017	O MEC devolve um novo texto ao CNE.
dez. 2017	A quarta versão da BNCC é aprovada pelo CNE e homologada pelo MEC.
nov. 2018	O MEC conclui a versão da BNCC para o EM.
dez. 2018	A versão da BNCC do EM é divulgada e homologada.

Fonte: Produzida pelo próprio autor

As críticas levantadas pelas três conselheiras do CNE que votaram contra a quarta versão do documento consideram que tanto a qualidade do que é proposto para a EI e o EF quanto o processo de elaboração (segundo elas, feito apressadamente e de maneira vertical) podem ser questionados e criticados. Contudo, a despeito dessa avaliação contrária, a BNCC foi programada para ser instalada em todas as escolas do país a partir de 2020. Ao longo do interstício entre a aprovação final do texto e sua implementação de fato, educadores/as das fases de aprendizagem abordadas na Base devem receber formação e materiais didáticos para tratar do novo documento.

Advogando pelo desenvolvimento de competências definido como a "mobilização de conhecimentos, habilidades (práticas, cognitivas e socioemocionais), atitudes e valores para resolver demandas complexas da vida cotidiana, do pleno exercício da cidadania e do mundo do trabalho" (BRASIL, s/d, p. 08, grifo nosso), a Base afirma reconhecer que a educação deve sedimentar ações que contribuam para a transformação da sociedade, alinhada à Agenda 2030 da Organização das Nações Unidas (ONU, 2019), que aspira a decisões para um mundo ecologicamente equânime. Esses e outros atributos – que podemos ver defendidos desde sua primeira página – foram construídos, na BNCC, ao longo de fóruns públicos com as distintas entidades envolvidas.

Mesmo pleiteando princípios que "visam à formação humana integral e à construção de uma sociedade justa, democrática e inclusiva, como fundamentado nas Diretrizes Curriculares Nacionais da Educação Básica" (BRASIL, s/d, p. 07, grifo nosso), alguns aspectos do texto apresentados em sua versão final geraram polêmica. Dentre tais, podemos mencionar a regulamentação do ensino religioso de natureza não confessional, isto é, com aulas que seguem o ensinamento de uma religião específica[2], e a supressão de temáticas que envolvam o combate às violências por razão de gênero e sexualidade.

Sobre este último aspecto, com a justificativa de que o assunto provocaria muita controvérsia – tanto na tramitação do PNE, quanto da BNCC – o MEC retirou, na terceira versão, as abordagens mencionadas. O CNE, ao acatar a decisão do MEC, prometeu, em resposta a críticas, publicar, após a aprovação da Base, um documento complementar de orientação sobre os temas, o qual seria construído a partir de convocação de audiências públicas. Ainda hoje, essa publicação não tem previsão de acontecer[3].

---

2   Apesar de a BNCC apresentar essa diretriz, o Supremo Tribunal Federal (STF), em 27 de setembro de 2017, já havia autorizado o ensino de religião de natureza confessional em escolas públicas para disciplinas facultativas. A Corte não tratou dessa modalidade de ensino em escolas particulares, ficando, neste caso, a critério de cada instituição.

3   Na cultura ocidental, urbana e capitalista do século XXI, as várias formas de viver a sexualidade e o gênero não gozam da mesma legitimidade, isto é –, para dizer de uma forma simplista e aludindo à discussão contemporânea dos estudos de performance existencial (BUTLER, 2011) –, alguns sujeitos parecem valer mais do que outros e, por isso, são passíveis de assistência, acesso e reconhecimento. Sob esse horizonte, este capítulo considera importante questionar qual tem sido a narrativa da Base, como marco legal para, segundo ela, promover os "princípios éticos, democráticos, inclusivos, sustentáveis e solidários" (BRASIL, s/d, p. 10) que afirma.

Na fase de consulta pública à terceira versão, 235 contribuições foram enviadas por escrito. Destas, 75 citam explicitamente "gênero" e/ou "orientação sexual", sendo 23 contrárias (a exemplo dos textos enviados por câmaras municipais, como as de Araraquara e Jundiaí, e por instituições religiosas, como a Confederação Israelita do Brasil e a Frente Parlamentar Evangélica do Congresso) e 51 contribuições a favor (a exemplo das colaborações de secretarias estaduais de educação, como a de Pernambuco e da Bahia, e de instituições de ensino, como a Universidade Federal de Roraima e o Colégio Pedro II, do Rio de Janeiro). Entre as contribuições contrárias, argumenta-se que discutir os saberes sobre gênero e orientação sexual provocaria crise de identidade entre educandos/as, que as premissas pensadas para essa discussão não têm embasamento científico e que tais abordagens já teriam sido vencidas no PNE, por isso adicioná-las à Base contrariaria o que tinha sido determinado pelo Congresso Nacional. Já entre os aportes apoiadores, o argumento central é o importante papel no combate às discriminações, como respeito aos direitos humanos, com ênfase na reflexão sobre o preconceito perpetrado contra pessoas de gênero e sexualidade considerados periféricos.

Mesmo que o número de colaborações à terceira versão da Base, que trataram da discussão de gênero e sexualidade, tenha sido maior quando favoráveis, sequer os termos "gênero"[4] e "orientação sexual" foram mencionados na edição final do documento. A despeito dessa decisão, a ONG Católicas pelo Direito de Decidir, numa pesquisa encomendada ao Instituto Brasileiro de Opinião e Estatística (IBOPE, 2017), buscou saber o que pensa a população brasileira sobre o caso. Corroborando, então, com as contribuições feitas à Base, 68% dos/as entrevistados/as expressaram concordância total em se discutir igualdade de gênero na escola. Se somado às respostas que concordam parcialmente, este número chega a 84%. Mesmo as abordagens da

---

Para quem a BNCC atribui esses princípios quando retira a explicitude do compromisso da escola no combate à violência a corpos não enquadrados em padrões de gênero e sexualidade considerados normais?

4   É importante ressaltar que este uso da palavra "gênero" aqui corresponde a gênero social. Outros significados do mesmo vocábulo (como o de gênero textual/discursivo) não foram banidos do texto da BNCC.

sexualidade – costumeiramente mais polêmicas – receberam aprovação total de 54% das pessoas entrevistadas, que, se unida aos apoios parciais, ganha um vulto de 62%.

Em alguns pontos do texto final da Base, é possível identificar certos discursos que amparam as discussões sobre direitos humanos e o combate a discriminações e violências, como podemos perceber na descrição das competências gerais 7 e 9 (BRASIL, s/d, p. 9-10, grifo nosso):

> 7. Argumentar com base em fatos, dados e informações confiáveis, para formular, negociar e defender ideias, pontos de vista e decisões comuns que respeitem e promovam os direitos humanos, a consciência socioambiental e o consumo responsável em âmbito local, regional e global, com posicionamento ético em relação ao cuidado de si mesmo, dos outros e do planeta.
> [...]
> 9. Exercitar a empatia, o diálogo, a resolução de conflitos e a cooperação, fazendo-se respeitar e promovendo o respeito ao outro e aos direitos humanos, com acolhimento e valorização da diversidade de indivíduos e de grupos sociais, seus saberes, identidades, culturas e potencialidades, sem preconceitos de qualquer natureza.

Os trechos grifados representam de modo generalizante esses discursos, indicando que as competências devem servir à promoção dos direitos da pessoa humana, do cuidado de si, da valorização dos indivíduos, entre outras coisas, mas, na contramão do que demandam os movimentos de combate ao racismo, ao machismo e à lgbtfobia[5], não tratam diretamente desses tipos de violência tão pungentes na sociedade brasileira, aparentando uma operação textual de camuflagem. Quem são os indivíduos e os grupos mencionados? A quem é o cuidado citado? Esse exercício argumentativo, já postula Thompson (1995), funciona como uma operação textual que tem efeitos de sentido perigosos na maneira como é construída. Este pesquisador chama tal generalização de Legitimação

---

[5] Para verificar tais demandas em nosso país, pode-se conferir os *sites*, respectivamente, do Movimento Negro Unificado (http://mnu.org.br), da Associação pelo Fim da Violência contra as Mulheres (https://www.artemis.org.br) e da Associação Brasileira de Lésbicas, Gays, Bissexuais, Travestis, Transexuais e Intersexos (https://www.abglt.org).

da Universalização, que consiste num "processo pelo qual relações de dominação são representadas como legítimas por meio da apresentação de interesses específicos como sendo interesses gerais" (THOMPSON, 1995, p. 81), o que não só torna hiperonímicos os dados de linguagem, mas também omite produções de sentido vigentes.

Essa leitura das competências gerais e de todo o texto da Base entende que é por meio da linguagem que se pode dar sentido à realidade (a manipulação de um dado no texto não só revela mecanismos de composição e estilo, mas também permite o reconhecimento, a marginalização ou a "morte" desse dado). Tal procedimento hermenêutico, inclusive, está coadunado com a proposta das próprias habilidades deste documento quando tratado na descrição dos componentes de Língua Portuguesa (LP) – conforme veremos mais adiante. Contudo, como promover um ensino que corresponda a esse olhar crítico sobre a linguagem, sendo orientado por um discurso que sequer tangencia uma proposta de combate às agruras contra comunidades historicamente alijadas em nosso país?

Mesmo que essas competências anteriormente mencionadas apontem para a proteção do humano sem especificar o combate ao machismo, ao racismo e à lgbtfobia, a discussão e a sistematização sobre o assunto na escola são previstas em tratados internacionais de direitos humanos dos quais o Brasil é signatário, como a Convenção Relativa à Luta contra a Discriminação no Campo do Ensino (1960), a Convenção Internacional sobre a Eliminação de Todas as Formas de Discriminação Racial (1968), a Convenção para Eliminação de Todas as Formas de Discriminação contra a Mulher (1979), entre outros[6]. Além disso, tal discussão e sistematização também podem ser amparadas por nossas leis (Constituição Brasileira, 1988; Lei de Diretrizes de Bases da Educação – LDB, 1996), que asseguram fórum público em todo o território nacional. Por isso, é preciso afirmar que a limitação desse debate, mais do que restringe, viola princípios de igualdade e liberdade de aprender e ensinar.

Mais especificamente no tocante às violências contra pessoas de gênero e sexualidades dissidentes, população considerada, no Brasil, "a

---

[6] Os textos dessas convenções podem ser encontrados nos sites da Câmara Federal dos Deputados (www.camara.leg.br) e da Presidência da República (www.planalto.gov.br).

última fronteira dos direitos civis" (VENTURI; BOKANY, 2011 p. 17), o que esperar das diretrizes na BNCC? Tal contradição entre uma proposta crítica de ensino da língua e um texto que empreende o ocultamento de algumas das vozes mais silenciadas deste país será o mote do cruzamento da discussão deste capítulo mais à frente.

Para proceder a uma crítica acurada sobre o assunto é preciso fazer uma leitura do texto da BNCC, avaliando manobras de apagamento e reconfiguração dos argumentos que essa normativa apresenta sobre gênero e orientação sexual, como dois marcadores constituintes da subjetividade – fundamentais na formação humanística do conhecimento escolar – e como disparadores de determinados modos de exclusão que se acentuam no Brasil – alvos relevantes a um projeto de educação com equidade. Tal propósito é empreendido, neste capítulo, por uma heurística dessa discussão no currículo de LP proposto pela Base, considerando o compromisso ético de que o aprendizado de uma língua é uma das dimensões da formulação de significados sobre os corpos e os desejos e, consequentemente, sobre o poder ser num mundo tão descaracterizado pelo desrespeito à diferença. Diante disso, as próximas seções propõem (1) um debate sobre o lugar do gênero e da sexualidade no currículo escolar e as consequências de sua defasagem na proposta da BNCC; (2) um olhar acerca do currículo de LP compreendido na Base e revelado como um campo potente para a discussão sobre performances identitárias; (3) e uma análise da relação imbricada que a discussão das duas primeiras seções podem ter em face de um projeto de aprendizado da língua que seja condizente com a liberdade e a emancipação dos indivíduos.

NOTAS SOBRE MECANISMOS REGULADORES DE GÊNERO E SEXUALIDADE E SUA RELAÇÃO COM A ESCOLA

A BNCC consiste num documento que estabelece os saberes considerados indispensáveis a estudantes da educação básica no Brasil e, por isso, funciona como um conjunto de dispositivos normatizadores do que se deve aprender na escola brasileira. Numa diretriz como essa, o apagamento de temas explícitos que nos façam refletir acerca da cultura de violência sobre corpos periféricos se torna tributário a essa mesma cultura, pois, na medida em que não possibilita o debate amplo e irrestrito sobre o assunto, precariza o papel da escola para uma educação cidadã, que respeite todos os tipos de vida. A fim de imprimir um olhar mais apurado sobre esse caso, é preciso levar em conta a história de luta contra os mecanismos reguladores das vidas dissidentes – sobretudo a escola – e, assim, entender o impacto social que o ocultamento dessas questões, num documento orientador como a BNCC, pode causar.

A construção das diversas sociedades, em muitos momentos da história, esteve pautada nas relações de poder que se edificaram de várias formas. Dentre os diferentes mecanismos de controle e normatização das populações, os dispositivos de biopolítica sempre estiveram à frente, causando sofrimento e morte a quem ousa expressar-se de maneira adversa aos seus preceitos (MISKOLCI, 2015). No contexto da sociedade brasileira, produziu-se uma norma a partir do "homem branco, heterossexual, de classe média urbana [...], 'os outros', os sujeitos 'diferentes', os 'alternativos' ou os 'problemáticos' serão, em princípio, as mulheres, as pessoas não brancas, as não heterossexuais" (LOURO, 2011 p. 65). Com a crescente guinada política nessa direção que nosso país tem vivido, tanto no âmbito sociopolítico macro, quanto na formação micropolítica, a escola vem, cada vez mais, ocupando espaço na ratificação das relações de poder heteronormativo[7], que desconhece as múltiplas facetas da expressão humana e impõe padrões binários daquilo que se espera do ser homem e do ser mulher e daquilo que tangencia a sexualidade das pessoas.

É possível visualizar esse movimento fomentador presentemente no surgimento de programas para a erradicação das discussões sobre gênero no âmbito escolar, a exemplo dos últimos planos de educação reformados pelos municípios e estados de todo o país, e na operacionali-

---

7   O conceito de heteronormatividade, criado em 1991, por Michael Warner, nomeia uma ordem social na qual todas as pessoas, heterossexuais ou não, organizam suas vidas conforme um modelo político coerente com a noção de binarismos sexuais e de gênero (macho/fêmea, heterossexual/homossexual, homem/mulher) – modelo este inspirado na ideia de que uma das dimensões da díade é considerada a norma e, portanto, tem o poder de subjugar a outra a seus valores e às suas práticas.

zação do silenciamento de posturas político-ideológicas em instituições públicas, realizado, dentre outras formas, pelo *tour de force* do programa Escola sem Partido[8]. Esses e outros casos de trajetos conservadores nas políticas de diversas ordens no Brasil exigem uma nova mirada para a escola e para a educação, onde a ilusão de neutralidade quanto à construção ideológica de uma hegemonia identitária deve ser questionada e vinculada a interesses contrários a uma educação emancipadora, qual aquela parametrizada pelas leis brasileiras de diretrizes educacionais de base (BRASIL, [1996] 2002).

Em 2017, o Brasil registrou o marco do país com mais da metade de homicídios a pessoas transgêneras (travestis e transexuais) no mundo, de acordo com os dados apresentados em 2018 pela agência internacional de pesquisa Trans Respect[9]. De acordo com a Associação Nacional de Travestis e Transexuais (Antra), apenas em 2017 foram contabilizados 179 assassinatos de travestis ou transexuais. Isso significa que, a cada 48 horas, uma pessoa trans é assassinada em nosso país. Os dados são detalhados no Mapa dos Assassinatos de Travestis e Transexuais no Brasil em 2017, lançado em 25 de janeiro de 2018[10]. Além disso, ano a ano, o observatório de feminicídio no Brasil contabiliza um número crescente de vítimas letais do machismo, conforme é possível observar em diversas estatísticas produzidas por coletivos organizados de mulheres, a revelia da negligência das políticas feitas pelo Estado[11]. Estes e outros dados alarmam para a necessidade de ações de base na sociedade

---

[8] O programa Escola sem Partido é um movimento político criado em 2004 no Brasil e divulgado em todo o país pelo advogado Miguel Nagib. Ele e os defensores do movimento afirmam representar pais e estudantes contrários ao que chamam de "doutrinação ideológica" nas escolas. Em 2015, projetos de lei inspirados nesse movimento começaram a ser apresentados e debatidos em inúmeras câmaras municipais e assembleias legislativas pelo país, bem como no Congresso Nacional. Sob uma leitura crítica, podemos perceber que esse empreendimento trata-se de mais um exercício de expurgo das discussões amplas sobre a história, a vida e os discursos de nosso povo, delimitando as abordagens de ensino a porções específicas que, em geral, reforçam o poder dominante, colonizador e heteronormativo já presente em nossa cultura.

[9] Para maiores informações sobre os dados colhidos pela Trans Respect, ver o *site*: https://transrespect.org/en/.

[10] O Mapa dos Assassinatos de Travestis e Transexuais no Brasil pode ser visualizado em: https://antrabrasil.files.wordpress.com/2018/02/relatc3b3rio-mapa-dos-assassinatos-2017-antra.pdf.

[11] Uma das organizações responsáveis por catalogar casos de feminicídio no Brasil é a ONG Gestos, de Pernambuco. Dentre suas mais recentes pesquisas, podemos conferir esta, feita em 2018: https://gestos.org.br/2018/03/artigo-19-pesquisa-feminicidio-brasil/.

brasileira e, sobretudo, para ações iminentes nos aparelhos de Estado, como as universidades e escolas públicas, fontes de (re)produção de saberes legitimados socialmente. Em virtude disso, muitos dos esforços de movimentos sociais que lutam contra a desigualdade de direitos buscam contribuir com a construção de uma escola que respeite as diferenças de todos os tipos, na perspectiva de questionar as experiências do estigma, da humilhação e da morte por razão de gênero e sexualidade e a fim de repensar a si própria em face do convívio humano e das demandas da sociedade civil.

Tais movimentos são filiados às epistemologias, que surgiram nos anos 1980, sobre a subalternidade de identidades não normativas de gênero e sexualidade, inseridos num cenário aberto por movimentos políticos nascidos duas décadas antes, principalmente a militância pelos direitos civis nos Estados Unidos, o movimento feminista e o então ativismo homossexual. Estes ganharam força e visibilidade na época da contracultura e costumam ser associados à emergência de novos sujeitos históricos que passam a demandar direitos e a influenciar na produção do conhecimento (MISKOLCI, 2015).

A partir da segunda metade da década de 1980, há um processo de reavaliação de todos esses coletivos. É o momento em que feministas negras e do sul global começam a criticar o caráter branco, de classe média e ocidental do feminismo anterior. Em dinâmica similar e articulada, o movimento homossexual passa a ser questionado por aqueles/as que não se alinham às identidades branca e burguesa predominantes neles. Eis que emergem interseções de cariz decolonial que denunciam questões de raça/cor e classe no interior do próprio ativismo contracultural daquela época (TORRES, 2010; MISKOLCI, 2015).

Essas questões entram, com isso, na pauta de muitos grupos que, hoje, buscam afirmar uma mudança social integrada que respeite todas as diferenças e promovam a socialização de saberes populares e científicos em prol de uma aliança com diversas agendas marginalizadas pelo sistema socioeconômico dominante e pelos modelos culturais excludentes. Esse padrão rizomático se dá pelo diálogo essencial entre as questões supracitadas e as ideologias que colonizam áreas fundantes da sociedade, como a Educação; a qual, conforme já evidenciavam Freire (1996) e Bourdieu & Passeron (2016), carrega o rastro da ilusão de um ensino-aprendizagem isento e capaz de passar ao largo de toda a história das lutas pela existência de corpos reconhecíveis sob o signo da abjeção. A exemplo disso, a escola é um aparelho histórico de silenciamento da diferença humana. Precisamos interrogá-la e "voltar o nosso olhar para os processos [...] culturais que possibilitaram que uma determinada identidade fosse compreendida como a identidade legítima e não-problemática e as demais como diferentes e desviantes" (LOURO, 2011, p. 65).

Tradicionalmente, professores/as são formados/as para acreditar que podem educar de maneira neutra, como se fosse possível entrar na sala de aula para lecionar deixando do lado de fora toda a sua história de socialização. Isso jamais poderia acontecer porque trazemos uma bagagem cultural para as nossas atividades profissionais, mas, sobretudo, porque educar nada tem de neutro; seus métodos e seus conteúdos têm objetivos interessados, dentre eles um dos pressupostos fundamentais da vida social contemporânea, mas, ao mesmo tempo, base arcaica na organização das relações de poder: a ideia de que as pessoas seguem o modelo heterossexual de vivências eróticas e preenchem um padrão binário de gênero, qual seja, o masculino e o feminino – por meio da designação de "homem" e "mulher". Nesse sentido, a suposta neutralidade na formação e atuação de educadores/as faz dela uma das principais ferramentas para a construção de uma escola heteronormativa (LOURO, 2015).

Diante disso, a heteronormatividade como modelo cultural no qual somos educados/as constitui a mola mestra das práticas de enquadramento sobre os corpos, do disciplinamento comportamental e, consequentemente, do estigma e da exclusão a quem não corresponde a tal modelo, a saber: mulheres autônomas, que, por questionar a submissão aos homens e demonstrarem alto grau de agência, se aproximam do padrão considerado de masculinidade e rompem com a normalização imposta a seus corpos; pessoas que expressam desejo erótico por outras de mesmo sexo e, com isso, subvertem as expectativas morais e normatizadoras de suas sociedades; homens e mulheres que, não se reconhecendo unicamente no que se projetou como aquilo que é caracterizado por ser homem ou aquilo que se entende por ser mulher, performam outro modo de ser, sem se enquadrarem nessas duas formas de existência e, então, vivenciam outras que ainda padecem de designação, tamanha é a sua marginalidade nos discursos hegemônicos; pessoas que não se identificam com a atribuição de gênero que lhes deram ao nascer, reivindicando identidades de homens e mulheres diferentes dos padrões lhes imputados, as chamadas pessoas trans; entre outros modos de vida humana que sempre estiveram à sombra do poder dominante da heteronormatividade.

Tomando esse silencioso e excludente paradigma da estrutura social e, consequentemente, escolar, diferentes pesquisadores/as o reconheceram como construção política bastante comum no âmbito das instituições de ensino. Em contrapartida a essa construção, um projeto emancipador de educação deve sugerir mobilização de um modelo inspirado no exercício da *diferença* como contradiscurso ao paradigma dominante, seguindo a esteira teórico-política apresentada por Miskolci (2015), quando revela que, ao contrário do exercício da *diversidade* – que está ligada à ideia de tolerância ou de convivência –, o papel da diferença instaura o reconhecimento como transformação social das relações de poder e do lugar que o outro ocupa nelas. Diferença, portanto, inclui um macromodelo, contrário à heteronormatividade, com o qual devemos operar para, a exemplo do que defendem Miskolci (2015) e Louro (2015), desvelar o ocultamento da riqueza humana profundamente empreendido nos currículos e na prática pedagógica dos programas educacionais no Brasil[12].

---

12   Para Louro (2011, p. 66), a noção de diversidade "parece que diz muito pouco sobre os choques e as disputas que acompanham o que integram a multiplicidade cultural. Parece supor ou sugerir, implicitamente, que há uma coexistência, ou melhor, que existe uma convivência, um arranjo mais ou menos harmonioso" entre os sujeitos, que são diferentes. Uma questão que se coloca iminente é: A generalização produzida pela Base, ao omitir particularidades nas formas de assimetria de poder que a escola deve combater, é também responsável por ordenar esse mesmo ideário de harmonia?

Somente o desenvolvimento de habilidades críticas é capaz de propiciar esse exercício da diferença, não só por meio da compreensão do dialogismo que constitui a existência humana, mas também pela própria agência da diferença, que alimenta o respeito e difunde a igualdade de acesso e direitos. Tais habilidades críticas devem ser desempenhadas no trabalho educacional, e, mais especificamente, devem ganhar lugar na atividade pedagógica escolar, na prática docente, no ensino-aprendizagem. Assim, em um processo de (des)aprender a normalização hegemônica – inclusive da ideia de diversidade, como pensa Miskolci (2015) –, é possível angariar uma nova história sobre/de/para pessoas que estão, secularmente, à margem da vida social simplesmente por serem quem são (LOURO, 2015).

O currículo de LP é um lócus fundamental para exercer a diferença. Ele busca fomentar um exercício de compreensão acerca da dialética entre a materialidade da língua e a vida social, tomando os recursos de linguagem como parte de um sistema de significação, um produto situado desse sistema, e, ao mesmo tempo, uma prática social. Esse olhar sobre a linguagem aproxima a lupa do/a falante da língua, a fim de que ele/a compreenda que desenvolver as suas habilidades linguísticas é um recurso valiosíssimo para que desenvolva também as suas habilidades humanísticas num mundo tão cicatrizado pelo desrespeito às diferenças.

De acordo com a LDB, em seu artigo 26, toda pessoa brasileira tem o direito de aprender a Língua Portuguesa na escola (BRASIL, [1996] 2002). Esse aprendizado não pode, em hipótese alguma, estar dissociado de uma postura que prime pela justiça e pelo direito a todas as pessoas acessarem recursos materiais e simbólicos de poder para viverem dignamente em sociedade. Na próxima seção, veremos um pouco de como foi edificado o currículo de Português na BNCC e, a partir dele, somando ao que a própria Base faz com a representação de um exercício cidadão para com comunidades desprivilegiadas, refletiremos sobre uma heurística que julgamos suficientemente ampla para o ensino-aprendizagem da Língua Portuguesa na escola.

LÍNGUA PORTUGUESA NA BNCC E SEUS POTENCIAIS PARA UM ENSINO-APRENDIZAGEM EMANCIPADOR

A BNCC é dividida nas três etapas da educação básica (Educação Infantil, Ensino Fundamental e Ensino Médio). No EF e no EM, é subdividida em cinco áreas: para o EF, Linguagens, Matemática, Ciências da Natureza, Ciências Humanas e Ensino Religioso e, para o EM, Linguagens e suas Tecnologias, Matemática e suas Tecnologias, Ciências da Natureza e suas Tecnologias, Ciências Humanas e Sociais Aplicadas. No EF, LP é um dos componentes curriculares da área de Linguagens, juntamente com Artes, Educação Física e Língua Inglesa (este ensinado do sexto ao nono ano). Já no EM, LP e Matemática são componentes únicos de área; os demais, já tradicionais nessa fase de aprendizado, são definidos por "Itinerários Formativos", estratégias que a diretriz considera importantes para a "flexibilização da organização curricular do Ensino Médio, pois possibilitam opções de escolha aos estudantes [...] estruturados com foco em uma área do conhecimento, na formação técnica e profissional" (BRASIL, s/d, p. 477), seguindo os termos das Diretrizes Curriculares Nacionais para o Ensino Médio – DCNEM/2018 (BRASIL, 2018).

No EF, a LP se realiza por meio dos "campos de atuação" – nomenclatura que a Base inaugura, mas que dialoga com propostas semelhantes apresentadas por diretrizes precedentes, como os Parâmetros Curriculares Nacionais (PCN). O documento preconiza cinco campos de atuação, no âmbito dos quais são definidos os objetivos de aprendizagem e desenvolvimento. Esses campos se expressam nas nove séries do EF (séries iniciais, do primeiro ao quinto ano, e séries finais, do sexto ao nono ano). Segundo a BNCC, a escolha por esses campos deu-se por se entender que eles contemplam dimensões formativas importantes de uso da linguagem na escola e fora dela e criam condições para um aprendizado em atividades que contemplam a "produção do conhecimento e a pesquisa; o exercício da cidadania, que envolve, por exemplo, a condição de se inteirar dos fatos do mundo e opinar sobre eles" (BRASIL, 2017, p. 84, grifo nosso). O quadro abaixo apresenta os campos como são expostos pelo documento.

Quadro 2 – Campos de atuação em Língua Portuguesa no EF (BRASIL, s/d, p. 84)

Anos inicias	Anos finais
Campo da vida cotidiana	
Campo artístico-literário	Campo artístico-literário
Campo das práticas de estudo e pesquisa	Campo das práticas de estudo e pesquisa
Campo da vida pública	Campo jornalístico-midiático
	Campo de atuação na vida pública

Fonte: Produzida pela próprio autor

Tais campos vão compor os domínios de ensino-aprendizagem em que serão trabalhados os eixos das práticas de linguagem (alguns deles já previstos nos PCN anteriores): oralidade, leitura/escuta, produção (escrita e multissemiótica) e análise linguística/semiótica (que envolve conhecimentos linguísticos – sobre o sistema de escrita, o sistema da língua e a norma-padrão –, textuais, discursivos e sobre os modos de organização e os elementos de outras semioses).

Para o eixo de oralidade, a Base propõe estudar práticas de linguagem que ocorrem em situação oral com ou sem contato face a face, como aula dialogada, webconferência, seminário, debate, entrevista, declamação de poemas; envolvendo a oralização de textos em situações socialmente significativas no trabalho dos diferentes campos de atuação. Com o eixo de leitura/escuta – que é tomado pela BNCC em um sentido amplo, dizendo respeito não somente à leitura do texto escrito ou falado, mas também a de imagens não verbais estáticas e em movimento –, o documento indica a compreensão dos usos da linguagem que decorrem da interação com textos escritos, para fruição estética, objetivos de pesquisa, realização de procedimentos, debate sobre temas sociais relevantes, sustentação e reivindicação de algo no contexto de atuação da vida pública etc.

Já em relação ao eixo de produção, a BNCC compreende as práticas de linguagem relacionadas à interação e à autoria (individual ou coletiva) do texto escrito e oral – considerando-os sempre como multissemióticos , com diferentes finalidades e projetos enunciativos como, narrar fatos cotidianos, comentar e indicar diferentes produções culturais, descrever, avaliar e recomendar, sistematizar dados de um estudo, divulgar conhecimentos, entre outros. E quanto ao eixo da análise linguística-semiótica, a Base envolve os procedimentos e estratégias (meta)cognitivas de análise e avaliação consciente – durante os processos de leitura e de produção de textos – das materialidades dos textos (aspectos ortográficos, morfossintáticos, pictóricos, entre outros) responsáveis por seus efeitos de sentido, seja no que se refere às formas de composição, seja no que se refere aos estilos adotados; além disso, confere a este eixo a descrição e o exame da mudança linguística e de diferentes variedades e registros da língua.

Todas essas orientações que a BNCC direciona – como podemos perceber claramente em seu discurso no tocante ao componente de LP – estão calcadas na construção de um currículo que ajude a compreender as linguagens como "construção humana, histórica, social e cultural, de natureza dinâmica, reconhecendo-as e valorizando-as como formas de significação da realidade e expressão de subjetividades e identidades sociais e culturais" (BRASIL, s/d, p. 65, grifo nosso), conforme propõe para o EF. Além disso, tais orientações edificam um currículo que busca compreender "os processos identitários e relações de poder [...], respeitando as diversidades [...] com base [...] nos Direitos Humanos, exercitando [...] a empatia, o diálogo, [...] combatendo preconceitos de qualquer natureza" (BRASIL, s/d, p. 492, grifo nosso), conforme a competência específica 2 do que o documento propõe para o EM. Inclusive, nesta abordagem do material, a Base formula, em suas habilidades 2 e 4, respectivamente (BRASIL, s/d, p. 492, grifos nossos): "analisar interesses, relações de poder e perspectivas de mundo nos discursos das diversas práticas de linguagem [...], compreendendo criticamente o modo como circulam, constituem-se e (re)produzem significação e ideologias", bem como "produzir entendimento mútuo, nas diversas linguagens [...], com vistas ao interesse comum pautado em princípios e valores de equidade assentados na democracia e nos Direitos Humanos".

Esses e outros saberes indicados no currículo de LP da BNCC partem da estruturação de uma pedagogia linguística, antes de mais nada, que exige a explicitação dos objetivos afetados pela concepção do papel da língua portuguesa na vida das pessoas e possibilite que a aula de Português propicie um posicionamento político frente à realidade social e ao papel da escola, considerando as contradições presentes na sociedade brasileira, sobretudo neste momento histórico em que a diretriz foi implantada. Tal estrutura – alinhada ao empreendimento de justiça e correção de desigualdade que o texto oferta – configura, como já postulava Silva (1993, p. 81-82), a necessidade de se pensar que "não existe meio termo para o trabalho pedagógico: ou se educa para a emancipação (conscientização, politização) ou se educa para a submissão (enquadramento, adaptação)".

O ensino de Língua Portuguesa que eduque para a emancipação compromete-se com a libertação e transformação dos corpos e dos saberes e submete à crítica as contradições e os valores do presente, de modo que a convivência social, em seus diferentes aspectos, possa ser transformada. Neste caso, centra-se no estudo rigoroso da realidade através de práticas que levam em conta, de um lado, o tipo de sociedade em que se vive e a ideologia imperante e, do outro, as necessidades reais dos/as educandos/as. Contudo, o ensino de língua para a adaptação ao meio submete os/as educandos/as à ordem estabelecida, tornando-os/as dóceis e subalternizados/as às estruturas sociais vigentes. Neste outro caso, o conformismo e a obediência, com o objetivo de conservar ou reproduzir o atual sistema de valores, são a tônica das ações executadas pelos/as educadores/as.

Do ponto de vista da produção de textos orais e escritos (e, portanto, dos eixos das práticas de linguagem de oralidade e produção escrita e multissemiótica, conforme prevê a BNCC), uma pedagogia linguística que eduque para o respeito e a emancipação – como orienta as competências do documento – deve levar em consideração a condição constitutiva da intersubjetividade na interlocução (esse é um marco relevante para a valorização à diferença). Se partimos do princípio de que quem fala e escreve sempre o faz para um outro, mesmo que este seja o próprio sujeito, os eixos da oralidade e da escrita precisam reconhecer que, na interação da linguagem, se instaura um compromisso que, ainda que seja atravessado pela divergência ou disputa, requer um olhar de alteridade. Tal olhar pode ser o ponto de partida para o desenvolvimento de um exercício que prime pelo conhecimento do lugar do outro na inter-ação do lugar com o eu, ou seja, um ponto de partida para o desenvolvimento de habilidades da partilha, recurso tão caro num mundo distópico marcado pela crônica das violências, como a lgbtfobia.

No tocante à leitura de textos escritos e à escuta (outros eixos de prática de linguagem previstos pela Base), esse mesmo norte pedagógico precisa fazer valer o reconhecimento de que quando exercitamos a compreensão de textos não estamos apenas identificando informações eminentemente óbvias, recolhidas em fragmentos de extratos textuais. Para além disso, a leitura da linguagem (em seu sentido amplo) ativa um conjunto de inferências na interpretação dos textos, capazes de desencadear um processo muito útil para a percepção de normas e ideologias subjacentes aos discursos, isto é, como preceitua Silva (1995, p. 49), a leitura ensinada na escola pode ser uma prática potente para possuirmos "elementos de combate à alienação e à ignorância, [...] o ato de ler constitui um instrumento de luta contra a discriminação". Dessa maneira, o exercício de compreender um texto, na aula de LP, pode (e deve) provocar um envolvimento muito maior do que a observação de recursos semióticos mobilizados pelo usuário da linguagem. Esse exercício – seja em que tipo de leitura for – possui, assim, a capacidade de promover o aprendizado do reconhecimento dos diferentes discursos que se interpõem a um texto, verificando – numa abordagem que ajude a uma compreensão crítica assentada no princípio de equidade, como indica a Base – quais estratégias latentes de poder deslegitimam as vidas precarizadas por discriminação às performances de gênero e sexualidade.

Já a realização do eixo das práticas de análise linguística/semiótica (que envolve o reconhecimento e exame dos mecanismos textuais, pragmáticos e discursivos) é preciso – como já afirmado aqui – que aconteça no interior do trabalho pedagógico com os eixos já citados (oralidade, escrita, leitura, escuta). A análise dos recursos formais da língua e outras semioses é a práxis articulatória nas práticas de leitura e produção de um texto. Sem ela, não é possível exercer o trabalho epilinguístico e metacognitivo de decisão acerca, por exemplo, de como efetivar um percurso argumentativo numa fala pública, um progresso coesivo num texto escrito formal, um esforço parafrástico na produção de um material de caráter informativo ou didático, a identificação de manobras poéticas que exigem uma compreensão de grande magnitude inferencial, a escolha por um registro de formalidade ou por uma variante sócio e dialetal condizente para dada interação, entre outras atividades – todas elas utilizando recursos da linguagem em suas diferentes dimensões e níveis. Certamente, esse eixo é aquele capaz de fornecer os dados mais ricos para um trabalho pedagógico de integração entre as propostas de ensino-aprendizagem de LP e uma coluna vertebral que as sustente como investidoras de uma educação libertadora, inclusive no tratamento às pessoas de gênero e sexualidade dissidentes.

Mas, qual é exatamente o *modus operandi* que um currículo de LP sob essas diretrizes pode produzir para uma posição no mundo que respeite e valorize as diferenças humanas, principalmente aquelas que revelam vivências de gênero e sexualidade, sem qualquer hierarquização ou prática de abjeção? Este é um desafio que se põe à BNCC em face da preterição que este documento pratica quanto à consideração a uma política educacional que valorize as diversas vidas, os inúmeros desejos, as múltiplas existências e, portanto, que seja claramente combativa à violência inspirada na não aceitação a essas diferenças.

PROPOSTAS PARA UM ESTRANHAMENTO À BNCC POR MEIO DAS AULAS DE LP

Amparado por epistemes já consolidadas que reconhecem o potencial do debate sobre gênero e sexualidade no cotidiano escolar (LOURO, 2011; MISKOLCI, 2015) e a partir da descrição das reformulações do texto da BNCC quanto às reconfigurações da evocação aos temas em questão, é possível pensar na triangulação analítica: (a) o exame da constituição da Base como proposta política; (b) a crítica ao apagamento desses temas, como uma orientação discursiva; (c) e a apreensão do modelo curricular de aprendizado da Língua Portuguesa adotado na Base.

Esse entrecruzamento, que, de alguma forma, já foi descrito nas seções anteriores, nos deve lembrar, primeiramente, que a constituição do texto/discurso da BNCC descortina uma prática ideológica que tem efeitos diretos na prática pedagógica, a qual reverberará nos documentos paramétricos da Educação nos estados e municípios e nos projetos pedagógicos das escolas, bem como – e, em especial – nos planos de ensino de LP e na aula como evento de socialização entre sujeitos. Esta cadeia performativa só reforça o já defendido postulado de que todo currículo e "toda e qualquer metodologia de ensino articula uma opção política – que envolve uma teoria da compreensão e interpretação da realidade – com os mecanismos utilizados em sala de aula" (GERALDI, 1997 p. 40).

Esse processo em cadeia – aos moldes do que denunciamos neste capítulo – pode concretizar o potencial do aprendizado de LP para a revisão de um mundo descaracterizado pelo necropoder sobre os corpos dissidentes de gênero e sexualidade. Em sociedades autoritárias como a nossa e autorizadas pelo silenciamento de sentidos combativos às violências, a exemplo do caso da BNCC, a liberdade de vivências, desejos e sentimentos é reprimida em função do estabelecimento de uma ordem que nos direciona a um modo "exemplar" de enxergar e viver o mundo, ainda que este modo privilegie algumas vidas em detrimento de muitas outras.

Em diálogo com o poder das habilidades que o estudo de linguagem proporciona à escola e mais ainda à aula de LP, é lançado o desafio de inscrever, na história de aniquilamento e marginalização da população de gênero e sexualidade dissidentes, uma nova educação, à revelia do que faz a Base. Para tanto, propostas de um trabalho que materialize esse modelo pedagógico podem partir de ações sistemáticas de ensino a exemplo do que se apresentam nos itens a seguir.

1. Assumir uma concepção de língua(gem) como objeto de ensino-aprendizagem que se realiza na interação social e, portanto, revela os conflitos de uma sociedade marcada por desigualdades e discriminações. Esse é um modo exemplar de ponto de partida para a execução de todos os eixos previstos na Base, pois funciona como promessa de compreender a linguagem como arena de lutas ideológicas e, assim, se munir de recursos para perceber e combater ideologias não condizentes com a igualdade de direito à vida.

2. Adotar um ensino de literatura para além dos cânones masculinos e heteronormativos (valorização das vozes femininas, trans e não-binárias), a fim de descolonizar o pensamento patriarcal ainda vigente nos currículos escolares e, com isso, naturalizar a diferença de vozes poéticas[13].

3. Eleger textos que reproduzem as violências de gênero e deslegitimam as dissidências sexuais (na publicidade, na imprensa, na política), com o intuito de colocá-los no centro dos debates da escola em geral e da sala de aula de Português em particular – espaços que, como vimos, para a BNCC, devem visar à desconstrução de todo e qualquer tipo de preconceito.

4. Absorver os considerados temas transversais, retirando-os de lugares periféricos e dos adendos da programação curricular e inserindo-os no plano pedagógico de LP, para entendê-los à luz do desenvolvimento dos campos de atuação e por meio de projetos didáticos articulados com diferentes componentes de ensino. Além disso, propiciar o entendimento de que tais temas são sempre discussões que devem ser prestigiadas pela escola como domínios sociais de valorização do humano e que se realizam por meio de versões sobre a realidade engendradas por linguagem.

5. Promover eventos de letramento como práticas de compreensão das relações de poder e dos significados culturais que engendram textos reveladores de discursos patriarcais, misóginos e lgbtfóbicos.

6. Questionar a generalização masculina de gênero no uso comum do português brasileiro. Essa ação está coadunada com a prática de análise linguística em contextos de debate sobre democratização da mulher e do feminino e é uma pauta já bastante fortalecida pela agenda dos feminismos contemporâneos[14].

---

13 O rol de escritores/as com esses atributos não é pequeno no Brasil. Muitos/as, hoje, já têm grande reconhecimento do público, mas ainda são pouco absorvidos/as pela escola, como, por exemplo: Cassandra Rios, Marcelino Freire, Bell Puã, Amara Moira, entre outros/as.

14 O professor ou a professora que queira fortalecer suas referências para pensar sobre o assunto, pode encontrar guarida epistemológica em pesquisas desenvolvidas por pesquisadoras brasileiras como Carmen Rosa Caldas-Coulthard e Débora de Carvalho Figueredo, ambas professoras da Universidade Federal de Santa Catarina.

7. Formular questões sobre como os emergentes modelos semióticos (sobretudo no campo audiovisual) podem contribuir não apenas para o desenvolvimento dos multiletramentos, mas também para se tornarem plataformas de denúncia contra os diversos tipos de discriminação[15].

8. Pesquisar variedades linguísticas de resistência, que representem comunidades de fala marginalizadas por sistemas de gênero e sexualidade opressores, a fim de conhecer o potencial dessas variedades na desconstrução da heteronormatividade recrudescida na interação verbal e entender como elas se constituem pelo acercamento na defesa de suas sociabilidades[16].

9. Valorizar o papel da oralidade na argumentação de sustentações importantes sobre o grau de investimento ético e jurídico para o exercício de direitos a pessoas de gênero e sexualidade dissidentes, propiciando – ao contrário do que vem se incentivando em regimes políticos de diversas instâncias no Brasil – um debate coletivo com a comunidade escolar sobre, por exemplo, a construção de estatutos, apoio a projetos de criminalização à violência lgbtfóbica, entre outros pleitos que requerem conscientização e requinte oral argumentativo em situações monitoradas de fala.

10. Refletir sobre as práticas de bullying lgbtfóbico, característicos do domínio escolar, como insultos que se realizam em diferentes tipos de enunciado (latrinálias, xingamentos orais, utilização de léxico desrespeitoso), os quais um aprendizado da linguagem comprometido com a não-violência interroga como práticas performativas de constituição das subjetividades. Este pode ser um exemplo triunfal por meio do qual

---

15 Rojo (2009), Bunzen e Mendonça (2013) e Rojo e Barbosa (2015) trazem contribuições valiosas para possibilidades nessa ação.
16 Um projeto didático que se debruce sobre a importância da gíria pajubá entre a população de gênero e sexualidade periférica é um exemplo possível de exercitar essa ação, haja vista que o acesso aos esquemas de uso desse vocabulário, já tão difundido, não só colabora para o reconhecimento da influência do iorubá no português brasileiro (e consequentemente a influência de culturas africanas em nossa sociedade), mas também contribui para entendermos o contexto de formação de grupo para a sobrevivência que essa população desempenha (e em especial a comunidade de pessoas trans) na luta por garantia de suas sociabilidades. Um trabalho que pode ajudar na execução dessa ação é a pesquisa desenvolvida por Lima (2018).

o componente de LP pode agir para, ao questionar a força da palavra, banir a prática violenta.

Esses são apenas alguns exercícios pedagógicos de trabalho com a linguagem que podem funcionar como ação política contra o preconceito específico à diferença de gênero e sexualidade. Na contramão de uma orientação oblíqua escrita na Base, essas ações e muitas outras podem ser esforços colegiados que profissionais da educação (da gerência da rede de ensino à ponta da docência na sala de aula) podem efetuar para compreender que aprender uma língua significa necessariamente uma posição no mundo. Quando essa posição está a favor de todas as vidas, o aprendizado ecoa para toda a sociedade.

CONSIDERAÇÕES FINAIS – NADA DE PONTO FINAL

Neste capítulo, buscamos formular uma apreciação dos requisitos importantes para uma matriz paramétrica da BNCC como promoção de práticas que contemplem o aprendizado de valorização da diferença sociocultural. Para isso, levamos em conta que a apropriação e a reflexão dos usos de uma língua – objetivos básicos de aprendizagem do Português na escola – podem ter um potencial de inteligibilidade e sensibilidade ao humano, tendo em vista que usar e conhecer melhor a linguagem são atividades de intelecção sobre a vida e consequentemente sobre as expressões e efeitos que a vida oferece.

Nosso foco de articulação entre a Base e o componente de LP se deu sobre uma interpretação do tratamento dissimulador que esse documento forneceu às agruras que vivem pessoas cujas existências não são legitimadas pelo modelo heteronormativo da nossa sociedade. Tomamos a operação generalizante de promoção do respeito e da justiça que o texto apresenta como uma estratégia de grande impacto no apagamento das demandas dessas pessoas, que, em nossa cultura patriarcal, machista, falocêntrica e lgbtfóbica, compõem a última linha dos direitos ao respeito e à vida.

A BNCC é mais um marco legal na construção da história da educação do nosso país, por isso cabe a nós, educadores/as, pesquisadores/as da linguagem e sociedade em geral, questionarmos a razão histórica de tal documento e seus limites diante da proposta produzida para as competências que a escola brasileira deve construir. Em síntese, para a realização dessa atitude crítica, consideramos relevanterpo em prática três movimentos:

a) a compreensão de que, subjacente à formulação do texto da Base, estão interesses que retratam a dinâmica de gerenciamento da produção do documento – à época cindido por um golpe político que destituiu a então presidenta, como mencionamos, e colaborou para a aprovação da Reforma do Ensino Médio, que dividiu o processo de elaboração;

b) o reconhecimento de que a elipse sobre o combate às violências por razão de gênero e sexualidade pode estar associada a essa dinâmica de gerenciamento, seja por motivação política advinda dela, seja por sedimentar um efeito antidemocrático e necropolítico semelhante ao contexto de golpe em tal dinâmica;

c) a percepção de que, na aula de LP (como, controversamente, a BNCC sugere) pode-se encontrar o substrato necessário, conforme propusemos na seção anterior, para desvelarmos os dois movimentos anteriores e ainda encaminharmos mudanças.

Por isso, nada de ponto final. Essa é uma história cheia de reticências, que serão preenchidas pela contextualização da Base que cada rede de ensino mobilizará em seus planos de educação; pela forma como cada escola potencializará os recursos do documento para promover projetos pedagógicos mais propulsores de justiça; pelas escolhas que cada professor/a de Português fará em sua sala de aula, a fim de promover ainda mais os direitos humanos; e pelo aprendizado que cada estudante terá para se tornar um cidadão ou uma cidadã comprometido/a com um mundo menos violento com as pessoas que não preenchem as expectativas dos padrões normativos de gênero e sexualidade.

REFERÊNCIAS

BOURDIEU, P.; PASSERON, J.-C. **A reprodução**. Elementos para uma teoria do sistema de ensino. Petrópolis: Vozes, 2016.

BRASIL. Ministério da Educação. Secretaria de Educação Básica. **Base nacional comum curricular**. Brasília, s/d. Disponível em: http://basenacionalcomum.mec.gov.br/#/site/inicio. Acesso em: abr. 2019.

BRASIL. Atualiza as Diretrizes Curriculares Nacionais para o Ensino Médio. **Resolução n. 03**, de 21 de novembro de 2018. Disponível em: http://www.in.gov.br/materia/-/asset_publisher/Kujrw0TZC2Mb/content/id/51281622. Acesso em: jun. 2019.

BRASIL. **Lei de Diretrizes e Bases da Educação**. Lei n. 9.394/96. Rio de Janeiro: DP&A, [1996] 2002.

BUNZEN, C; MENDONÇA, M. (org.). **Múltiplas linguagens para o Ensino Médio**. São Paulo: Parábola, 2013.

BUTLER, J. Vida precária. **Contemporânea**. n. 01. jan./jun. 2011. p. 13-33.

FREIRE, P. **Pedagogia da autonomia**. Saberes necessários à prática educativa. São Paulo: Paz e Terra, 1996.

GERALDI, J. W. Concepções de linguagem e ensino de Português. *In*: GERALDI, J. W. (org.). **O texto na sala de aula**. São Paulo: Ática, 1997. p. 39-56.

hooks, b. **Ensinando a transgredir**. A educação como prática da liberdade. São Paulo: Martins Fontes, 2017.

IBOPE. **Percepções sobre aborto e educação sexual**. São Paulo, 2017. Disponível em: http://catolicas.org.br/wp-content/uploads/2017/10/Pesquisa-de-Opini%C3%A3o-P%C3%Bablica-2017-CDD-e-IBOPE-Percep%C3%A7%C3%B5es-sobre-aborto-e-educa%C3%A7%C3%A3o-sexual_3-MB.pdf. Acesso em: abr. 2019.

LIMA, C. H. L. **Linguagens pajubeyras**. Re(ex)istência cultural e subversão da heteronormatividade. Salvador: Devires, 2018.

LOURO, G. L. **Um corpo estranho**. Ensaios sobre sexualidade e teoria *queer*. Belo Horizonte: Autêntica, 2015.

LOURO, G. L. Educação e docência: diversidade, gênero e sexualidade. Formação Docente. **Revista Brasileira de Pesquisa sobre Formação Docente**. v. 03, n. 04. p. 62-70, jan./jul. 2011.

MISKOLCI, R. **Teoria *Queer*: um aprendizado pelas diferenças**. 2. ed. Belo Horizonte: Autêntica, 2015. (Cadernos da Diversidade).

ONU. **Transformando Nosso Mundo**: a Agenda 2030 para o Desenvolvimento Sustentável. Disponível em: https://nacoesunidas.org/pos2015/agenda2030/. Acesso em: maio 2019.

ROJO, R. **Letramentos múltiplos, escola e inclusão social**. São Paulo: Parábola, 2009.

ROJO, R.; BARBOSA, J. P. **Hipermodalidade, multiletramentos e gêneros discursivos**. São Paulo: Parábola, 2015.

SILVA, E. T. **Leitura na escola e na biblioteca**. 5. ed. Campinas: Papirus, 1995.

SILVA, E. T. Elementos de pedagogia da leitura. 2 ed. São Paulo, Martins Fontes, 1993.

THOMPSON, J. B. **Ideologia e cultura moderna**. Petrópolis: Vozes, 1995.

TORRES, M. A. **A diversidade sexual na educação e os direitos de cidadania LGBT na Escola**. Belo Horizonte: Autêntica, 2010. (Cadernos de diversidade).

VENTURI, G.; BOKANY, V. Introdução. Foco na homofobia: a coleta e a análise dos dados. *In*: VENTURI, G.; BOKANY, V. **Diversidade sexual e homofobia no Brasil**. Perseu Abramo/Instituto Rosa Luxemburgo: São Paulo, 2011, p. 11-22.

CAPÍTULO 2

PERSPECTIVAS DA BNCC SOBRE A CENTRALIDADE E A NATUREZA TRANSDISCIPLINAR DO TEXTO NO ENSINO DE LÍNGUA

Sônia Virgínia Martins Pereira

INTRODUÇÃO

Contrapondo-se a disciplinas das ciências humanas que construíram teorias reducionistas apoiadas em metodologias das ciências naturais, Bakhtin (2000b) marca seu lugar no interior das humanidades que se voltam para um novo eixo de estudos, o da história e da cultura como fonte de investigação sobre o sujeito, questionando modelos explicativos pautados numa rigorosidade científica. Ele situa esse novo eixo a partir da linguagem, da língua, da palavra: "ciências humanas – ciências que tratam do espírito – e ciências das letras (a palavra que é ao mesmo tempo parte constitutiva delas e objeto comum de estudo)" (BAKHTIN, 2000b, p. 404).

Diante da realidade epistemológica que cercaria os estudos nas ciências humanas, Bakhtin (2000a) propõe que o texto, tanto o oral quanto o escrito, seja constituído como o objeto teórico de onde se originam e para onde convergem as disciplinas dessa área. Na visada bakhtiniana, o texto deve ser visto como o "dado primário" de todas as disciplinas das humanidades e, de modo geral, de todo o pensamento filosóficohumanista, pois representa uma realidade imediata, "a única capaz de gerar essas disciplinas e esse pensamento". "Onde não há texto, também não há objeto de estudo e de pensamento" (BAKHTIN, 2000a, p. 329).

Neste estudo, há a preocupação com a tomada do texto como nível de análise, no fazer acadêmico/científico, em linhas gerais, e como objeto de ensino, no trabalho pedagógico com as práticas de linguagem. Para a reflexão pretendida, certas noções e categorias da teoria dialógica são mobilizadas visando à compreensão do objeto empírico texto, em suas consequências teóricas e metodológicas, considerando-o como unidade privilegiada para uma abordagem transdisciplinar no ensino da língua portuguesa. A perspectiva da análise dialógica do discurso, a partir de Brait (2016), em suas categorias analíticas, é vista como frutífera para a fundamentação do estudo, e, por isso mesmo, aliada aos princípios teórico-metodológicos dos estudos dialógicos fundamentados por autores russos.

No percurso da organização textual-discursiva do estudo, primeiramente, o texto é visto sob o ponto de vista do pensamento bakhtiniano, em suas condições de existência; em seguida, a discussão focaliza questões de disciplinarização, multi, pluri, inter e transdisciplinarização, elegendo o texto como objeto teórico de mobilização de conhecimentos; posteriormente, a reflexão se volta ao enfoque dado pela Base Nacional Comum Curricular à questão da interdisciplinaridade. Por fim, a discussão teórico-metodológica subsidia as reflexões finais sobre a temática, de modo a se pensar em práticas pedagógicas alicerçadas numa abordagem inter/transdisciplinar no ensino das práticas de linguagem.

AS CONDIÇÕES DE EXISTÊNCIA DO TEXTO

Na perspectiva dialógica de linguagem, o texto é definido sob duas dimensões: um polo que envolve o sistema da língua, o repetível, e o outro que o torna singular, participante da cadeia da comunicação discursiva. Em cada texto está o sistema da linguagem e a tal sistema corresponde, na configuração textual, tudo o que é repetido e reproduzido e tudo aquilo que pode ser-lhe exterior: "[...] assim, por trás de todo texto, encontra-se o sistema da língua; no texto, corresponde-lhe tudo quanto é repetitivo e reproduzível, tudo quanto pode existir fora do texto" (BAKHTIN, 2000a, p. 331).

No ensaio *Os gêneros do discurso*, Bakhtin (2016) define o texto, em sentido amplo, como um conjunto coerente de signos, o que, na interpretação de Brait (2012), remete à concepção de signo ideológico, de Volóchinov (2018), em sua dupla dimensão constitutiva, semiótica e ideológica, constante no primeiro capítulo de Marxismo e filosofia da linguagem.

Daí a importância da concepção de dialogismo, noção que permeia a reflexão dialógica e é apresentada por Bakhtin (1997), que o toma como a condição do sentido da linguagem, do discurso, do texto. Os textos são, eminentemente, dialógicos, pois resultam do embate de vozes sociais e, na sua condição de constituição, o dialogismo é visto sob os aspectos da interação verbal entre enunciador e enunciatário do texto – nenhuma palavra é nossa, pois carrega consigo a perspectiva de outra(s) voz(es) – e do diálogo entre textos, no interior do discurso. Esses aspectos são endossados no estudo de Barros (2005), que vê o objeto texto, no pensamento bakhtiniano, definido como: i) objeto significante ou de significação, ii) produto da criação ideológica, iii) dialógico, no diálogo entre interlocutores e entre textos e iv) único, não reproduzível.

É sempre importante relembrar, portanto, que nos estudos dialógicos o movimento inicial na concepção de ciência, em especial, de ciências humanas, é o de reconhecer o texto como ponto de partida da investigação sobre o homem, pois, como assegura Bakhtin (2018), o método das ciências humanas é a atitude responsiva ativa ou a compreensão responsiva.

Quanto a essa metodologia para a investigação do sujeito produtor de textos, nas ciências humanas, em contraponto às ciências exatas, que procura conhecer o objeto, o teórico assim pontua, no ensaio *Epistemologia das ciências humanas*:

> Qualquer objeto do conhecimento (incluindo o homem) pode ser percebido e conhecido a título de coisa. Mas o sujeito como tal não pode ser percebido e estudado a título de coisa porque, como sujeito, não pode, permanecendo sujeito, ficar mudo; consequentemente, o conhecimento que se tem dele só pode ser *dialógico* (BAKHTIN, 2000b, p. 403).

Na retomada da noção teórica de texto, o estudo bakhtiniano atrela a compreensão responsiva ao cotejo entre textos, na afirmação da dialogicidade presente nesse cotejamento, pois "toda palavra (todo signo) de um texto conduz para fora dos limites desse texto", sendo, portanto, a compreensão "o cotejo de um texto com os outros textos" (BAKHTIN, 2000b, p. 404). A concepção de dialogismo atravessa essas noções ou, talvez, todas elas sejam pontos interligados de uma rede, na visão do teórico, haja vista que para ele

> Compreender é cotejar com outros textos e pensar num contexto novo (no meu contexto, no contexto contemporâneo, no contexto futuro). Contextos presumidos do futuro: a sensação de que estou dando um novo passo (de que me movimentei). Etapas da progressão dialógica da compreensão; o ponto de partida – o texto dado para trás – os contextos passados, para frente – a presunção (e o início) do contexto futuro (BAKHTIN, 2000b, p. 404).

Nesse objeto dialógico e transdisciplinar que é o texto, o dialogismo, como dito, apresenta-se nas duas dimensões, entre interlocutores e entre discursos, a partir do que, na interpretação de Barros (2005), são estabelecidos aspectos que recobrem duas perspectivas, a do diálogo entre interlocutores e a do diálogo entre discursos.

Brait nomeia as combinatórias que condicionam a existência de um texto como dimensão semiótica e singularidade, destacando que a concepção dialógica de texto tem implicações teóricas e metodológicas na articulação de três universos: materialidade, singularidade e condição da combinatória. Esta última é que possibilita o estabelecimento de relações dialógicas com outros textos (BRAIT, 2016, p. 14).

A partir da demarcação dos dois polos, Bakhtin (2000a) demonstra sua preocupação pelo texto como enunciado concreto e situado, destaca seu interesse pelas formas concretas e pelas condições concretas da vida dos textos, visto que apenas o enunciado comporta uma relação imediata com a realidade e com o sujeito. Cada texto, visto em sua realidade de enunciado, é um objeto singular, único e individual e é nestas peculiaridades onde reside todo o seu sentido "seu desígnio, aquele para o qual foi criado" (BAKHTIN, 2000a, p. 331).

Assim, a teoria dialógica esclarece que uma das dimensões de um texto é a da materialidade sígnica que o constitui inserindo-o num sistema, e, a segunda, refere-se à dimensão discursiva dessa materialidade. Naquela teoria, um dos aspectos do objeto texto está na sua materialidade técnica, mas sua manifestação ocorre na situação e na cadeia dos textos, presente na comunicação verbal, no interior de uma dada esfera. Logo, esta última dimensão não vincula o texto aos elementos reproduzíveis do sistema linguístico, e, sim, a outros textos, os quais são irreprodutíveis "numa relação específica, dialógica (e dialética, quando se abstrai o autor)" (BAKHTIN, 2000a, p. 332).

Com suas reflexões sobre as dimensões constitutivas do texto, o pensamento bakhtiniano assinala que todas as disciplinas das ciências humanas estão localizadas no espaço entre elas "fundamentadas no dado primário do texto" (BAKHTIN, 2000a, p. 333), o que não pode ser ignorado em nenhum campo do saber das ciências humanas, uma vez que "os dois polos são incontestáveis, quer se trate da língua, das línguas potenciais, quer se trate do texto único e irreproduzível" (BAKHTIN, 2000a, p. 333). O texto em si já é uma categoria de análise para o trabalho interpretativo em ciências humanas.

As condições concretas da vida dos textos são o próprio enunciado, entendido como o texto na comunicação discursiva, no movimento da língua no processo da interação verbal. Vê-se, portanto, a distinção entre as dimensões do texto, mais acentuada, quando é visto em seu aspecto estritamente linguístico, em sua repetibilidade e, seu oposto, quando compreendido como enunciado, como uma profusão de sentidos.

Nesse pensamento, o enunciado é a unidade da comunicação discursiva, efetuando-se a língua em uso por meio de enunciados orais ou escritos concretos e únicos provenientes dos indivíduos ligados aos mais diversos campos de atividade humana, conforme estabelece Bakhtin (2016). Por isso, na concepção dialógica, o enunciado é considerado uma unidade de análise discursiva, por meio da qual há a possibilidade de se vislumbrar as diferentes vozes que ecoam nas relações dialógicas.

O texto-enunciado conserva as mesmas características do enunciado concreto, pois é concebido como uma função dialógica particular, na qual autor e destinatário mantêm relações dialógicas com outros textos-enunciados. Nos estudos dialógicos, o que transforma um texto em enunciado é sua análise a partir de sua integridade concreta e viva; ou seja, é o enfoque nos aspectos sociais que lhes são constitutivos, o que o distancia de um objeto de estudo da linguística, em sua limitação à imanência do sistema abstrato da língua.

Contudo, essa concepção não deixa de considerar a legitimidade de um estudo do texto, também como fenômeno linguístico ou "textual", em sentido restrito, uma vez que, na visão dialógica, a análise da materialidade textual segue em outro sentido, o do enfrentamento do texto como fenômeno sociodiscursivo, vinculado às condições concretas da vida, pois "o que nos interessa aqui são as formas concretas dos textos e as condições concretas da vida dos textos, sua interdependência e sua inter-relação" (BAKHTIN, 2000a, p. 341).

Diante dessas noções teóricas tão próximas □ enunciado e texto □ talvez seja frutífero refletir sobre a produtividade, ou, quem sabe, a validade da separação entre uma e outra concepção, nos estudos dialógicos, para a composição de uma concepção dialógica de linguagem e constituição de um objeto de estudo para as disciplinas das ciências humanas, que trata das ações humanas como um texto em potencial. O texto é o reflexo de uma subjetividade que desenha uma intenção discursiva a partir de uma realidade objetiva. A análise de textos deve ser dependente da compreensão da interação que um texto estabelece com o contexto dialógico do seu tempo. Como proceder para tomar o texto como objeto de estudo nas ciências humanas e como objeto de ensino em língua portuguesa, é um ponto de reflexão que deve permanecer na pauta da formação inicial e continuada de professores.

O TEXTO COMO OBJETO TEÓRICO (INTER/TRANS)DISCIPLINAR

Já no início do manuscrito *O problema do texto*, Bakhtin (2000a) expõe sua visão sobre o que cerca a metodologia para o estudo do objeto texto. Como um estudo dessa natureza "não se trata de uma análise linguística, nem filológica, nem literária, ou de alguma outra especialização" (BAKHTIN, 2000a, p. 329), ele está situado na desterritorialização de todas as disciplinas, e, simultaneamente, na sua intersecção.

Em sua ancoragem na concepção de dialogismo, o texto é concebido como um diálogo de muitas vozes ou um mosaico de muitos textos ou discursos que se entrecruzam, se completam, respondem uns aos outros ou polemizam entre si no próprio espaço do texto. Isto caracteriza o discurso como apresentando, inevitavelmente, um caráter ideológico.

Desse modo, ao explicitar sua metodologia de investigação, o teórico não se fecha em única abordagem teórica, e, sim, resgata o valor do tratamento interdisciplinar dos objetos de estudo para as ciências humanas. Isto é visível quando, em *Problemas da poética de Dostoiévski* propõe a criação da metalinguística[1], disciplina que investigaria o discurso, nas suas próprias zonas limítrofes e nas da linguística.

A linguística, como vista hoje, pelos objetos que servem como investigação para teorias pós-estruturalistas, como texto, gêneros, discurso – além de conhecidas unidades de estudo, de teorias estruturalistas, como palavra e frase –, tem função interdisciplinar, se visto o fenômeno da linguagem como seu objeto de estudo, assim como de várias outras disciplinas. É pela linguagem que podemos organizar o mundo do trabalho,

---

[1] Brait (2010) defende que embora Bakhtin, Volóchinov, Medviédev e outros teóricos russos que desenvolveram os estudos dialógicos não tenham formalizado um arcabouço teórico-metodológico fechado da disciplina, o conjunto da obra desses pensadores motivou o que se tem sistematizado hoje, no contexto acadêmico-científico brasileiro, como análise/teoria dialógica do discurso. A partir da primeira referência à metalinguística (BAKHTIN, 1997), vão sendo formulados método de análise e objetos de estudo da disciplina proposta.

pela cooperação estabelecida entre as pessoas e pela troca de experiências; por meio da linguagem, o homem pode conhecer-se e conhecer o seu mundo, influenciando e sendo influenciado.

Por esse entendimento, a linguística é, fundamentalmente, interdisciplinar, e amplia seu campo, ao dialogar com outras áreas de conhecimento, conforme assevera Fiorin (2008). É inevitável que a linguística dialogue com diferentes campos do saber, tanto das ciências humanas quanto das biológicas e exatas, quando se tem por objeto de estudo a linguagem.

Essa tendência da linguística para a interdisciplinaridade reforça a proposta de Bakhtin (1997) sobre a metalinguística. Dados os fundamentos que delineiam esta disciplina, no esboço dado pelo teórico, ela estaria muito mais próxima de um movimento epistemológico transdisciplinar, do que, propriamente, disciplinar ou interdisciplinar. Desse modo, a nomeação "translinguística", assinalada, entre outros, por Todorov (1981), Clark e Holquist (1998), Morson e Emerson (2008) e Faraco (2010) parece mais apropriada, se comparados os prefixos trans/inter relativos à transdisciplinaridade/interdisciplinaridade.

O prefixo *trans*, em seu significado de "ir além", indica o movimento de ultrapassagem da translinguística sobre a linguística do sistema, enquanto o prefixo *inter* exprime noção de relação recíproca entre disciplinas. É aceitável, também, uma relação de reciprocidade, interdisciplinar entre translinguística e linguística, já que a proposta de Bakhtin (1997) tem a linguística como disciplina de base, pois não ignora suas contribuições, visto que o aparato técnico de uma língua, o sistema linguístico, é um componente orgânico da constituição de um enunciado concreto, sendo plausível a complementação entre ambas.

Nessa relação interdisciplinar, a translinguística e a linguística dividem um mesmo objeto de estudo, a língua, mas "sob diferentes aspectos e diferentes ângulos de visão" (BAKHTIN, 1997, p. 181), a primeira interessada nas relações dialógicas, a segunda, nas relações lógicas. Assim a translinguística, sem desconsiderar as relações lógicas, deve se interessar pela vida da linguagem, na sua dinamicidade e no seu caráter de novidade, por meio dos enunciados concretos que impulsionam a circulação de visões avaliativas de indivíduos situados histórica e socialmente e a constante renovação de sentidos.

Ao se preocupar com a relação entre a língua e a vida, que é constitutiva de seu objeto de estudo, a translinguística aponta para a necessária interface de estudos com as mais diferentes áreas das ciências humanas, quando se estuda a linguagem em uso. Quanto ao modo como se apresenta na atualidade a inter/transdisciplinaridade nos estudos da linguagem, sob uma perspectiva bakhtiniana, Brait (2005) constata que

> Esse arcabouço teórico-reflexivo aparece, portanto, no enfrentamento da linguagem, não apenas em áreas destinadas a essa finalidade, caso dos estudos linguísticos e literários, mas na *transdisciplinaridade de campos* como a educação, a pesquisa, a história, a antropologia, a psicologia etc. (BRAIT, 2005, p. 8 – destaque meu).

Embora esteja claro que o não reconhecimento das interfaces entre as áreas, nas pesquisas sobe língua e linguagem, seja inaceitável, como a visão transdisciplinar de Brait (2005) deixa entrever, é preciso ressaltar que os processos que tornaram a linguística, em seus primórdios, uma ciência a fixavam em seu próprio território. O corte epistemológico de Saussure (1995), ao constituir o objeto de estudo da linguística, no enquadramento de uma ciência positivista, alocou-a ao modelo de fazer científico do início do século XX, o que não quer dizer que tenha conseguido eliminar o caráter transdisciplinar que os estudos da língua e da linguagem mereceriam já naquela época.

Como visto, mesmo nesse contexto dominado por uma ciência positivista, os estudos dialógicos, não restritos a Bakhtin, lançavam um olhar para além da linguística estruturalista e propunham uma abordagem transdisciplinar no tratamento da linguagem como objeto de estudo. Logo, apontavam para a necessidade de se estabelecer inter-relações entre diferentes disciplinas a fim de se efetuar o estudo da língua produzido nas diversas esferas de atividade humana, na linguagem vivida.

A visão saussuriana indicava que a linguística só seria possível como ciência se obedecesse a um regime de exclusão, por meio de um princípio de triagem. Portanto, "não só pode a ciência da língua prescindir de outros elementos da linguagem como só se torna possível quando tais elementos não estão misturados" (SAUSSURE, 1977, p. 23). Em consequência, a língua foi estabelecida como um objeto muito preciso, que não poderia ser confundido, visto que o ecletismo se constituiria como erro. O objeto da linguística, portanto, deveria ser puro e autônomo, não podendo ser contaminado com os objetos de outras disciplinas. A língua seria estudada em si mesma e por si mesma.

Entretanto, não se pode desprezar a contribuição valiosa de Saussure para a formulação do objeto de estudo próprio da linguística, pois no contexto em que o autor se situava, em que a linguística buscava o reconhecimento como ciência, seus estudos definiram o lugar da ciência da linguagem, numa realidade em que o positivismo imperava.

A linguística estruturalista encarava a interdisciplinaridade como um problema de método incorreto, o que seria negativo para a cientificidade da época. Sob uma visão contemporânea, é relevante se pensar que a abertura para outros campos de conhecimento possibilita um fluxo contínuo entre várias outras disciplinas, favorecendo o intercâmbio entre objetos, métodos, conceitos.

Na atualidade, os modelos mais rígidos de um fazer científico, ao que parece, estão sendo flexibilizados, e não só na linguística. Os campos especializados abrem-se para outros campos, num movimento de desterritorialização entre áreas e objetos de estudo, para a compreensão sobre as diferentes perspectivas pelas quais o objeto pode ser investigado, com vistas ao alcance desse objeto, em sua totalidade.

Nesse movimento, o fazer científico lida com novos problemas, que não cabem em um modelo inflexível de cientificidade. Desse modo, tem-se buscado nas noções de transdisciplinaridade, interdisciplinaridade, multidisciplinaridade, pluridisciplinaridade, talvez mais amplamente nas ciências humanas, sustentação para a construção de metodologias de pesquisa científicas que relativizam os segmentos disciplinares, os limites rígidos entre os campos do saber. Isso possibilita que os pesquisadores analisem problemas situados nas fronteiras das disciplinas.

Um enfoque investigativo multidisciplinar requer a justaposição de disciplinas. Conforme Nicolescu (2005), a multidisciplinaridade ultrapassa as fronteiras da disciplinaridade, mas sua meta ainda se limita a uma estrutura de pesquisa disciplinar. Um sistema de disciplinas é acionado para a investigação de único tema, sem cooperação entre as disciplinas envolvidas. A cooperação distingue a multidisciplinaridade da pluridisciplinaridade, pois nesta o estudo de um objeto, de uma determinada disciplina, é feito por meio de outras disciplinas, como assegura Barbosa (2001), havendo, assim, cooperação entre elasCertos autores apresentam outras visões sobre pluridisciplinaridade, como Delattre (2005), que a conceitua como a associação de disciplinas que trabalham para o alcance de determinado objetivo, mas sem, no entanto, que as disciplinas modifiquem, significativamente, suas perspectivas e seus métodos; ou como Magalhães (2005) que não distingue multidisciplinaridade de pluridisciplinaridade, visto que, há multi e pluridisciplinaridade ao serem trabalhadas, por algum tempo e em conjunto, várias disciplinas.

Quanto à interdisciplinaridade, deve ser entendida como a promoção da interação entre disciplinas ou setores heterogêneos de um mesmo campo científico. É a busca por novos conceitos, métodos e teorias gerados na aglutinação de conceitos, métodos e estruturas teóricas de disciplinas variadas. Nicolescu (2005) assegura que na interdisciplinaridade há transferência dos métodos de uma disciplina para outra enquanto Magalhães (2005) acrescenta que nela busca-se um conhecimento universal, não fragmentado em campos diversificados do saber.

A noção de transdisciplinaridade, neste texto, vem de Nicolescu (1999), para quem "*a transdisciplinaridade*, como o prefixo 'trans' indica, diz respeito *àquilo que está ao mesmo tempo entre as disciplinas, através das diferentes disciplinas e além de qualquer disciplina*. Seu objetivo é a compreensão do mundo presente, para o qual um dos imperativos é a unidade do conhecimento" (NICOLESCU, 1999, p. 2).

Portanto, a transdisciplinaridade volta-se para fenômenos que estão entre as disciplinas, por meio de diferentes disciplinas e além de todas as disciplinas. A meta da perspectiva transdisciplinar é o entendimento do mundo real, presente, na busca pela unidade do conhecimento. O texto, em sua singularidade, é esse objeto que movimenta fenômenos e unifica diferentes campos do saber.

A ORGANIZAÇÃO MULTI/INTERDISCIPLINAR DOS PROCESSOS DE ENSINO NA BASE NACIONAL COMUM CURRICULAR

A BNCC corresponde a um movimento de transformações na condução dos processos de ensino e aprendizagem na educação básica, e, assim, propõe uma organização curricular arranjada em áreas de conhecimento: ciências da natureza, ciências humanas, linguagens e matemática. São os modos possíveis de multidisciplinarização/interdisciplinarização, na visão do discurso oficial, das áreas de conhecimento e, consequentemente, dos componentes curriculares. Essas áreas "[...] se intersectam na formação dos alunos, embora se preservem as especificidades e os saberes próprios construídos e sistematizados nos diversos componentes" (BRASIL, 2018, p. 27).

Com base nessas áreas delimitadas, são definidas competências gerais, comuns a todos os estudantes, que se constituem parte fundamental do currículo, embora não representem a sua totalidade. O documento indica que cabe à escola acrescentar à base comum variados componentes de ensino, formulados a partir das especificidades de seu contexto visando a uma abordagem integral dos conhecimentos produzidos nas diversas áreas. Diante disso, é de responsabilidade da própria escola

> Contextualizar os conteúdos dos componentes curriculares, identificando estratégias para apresentá-los, representá-los, exemplificá-los, conectá-los e torná-los significativos, com base na realidade do lugar e do tempo nos quais as aprendizagens estão situadas (BRASIL, 2018, p. 16).

Assim como promover a interdisciplinaridade nos processos de ensino ao

> decidir sobre *formas de organização interdisciplinar* dos componentes curriculares e fortalecer a competência pedagógica das equipes escolares para adotar estratégias mais dinâmicas, interativas e colaborativas em relação à gestão do ensino e da aprendizagem (BRASIL, 2018, p. 16 – destaque meu).

Além das competências gerais, há competências específicas de área e estas explicitam como as gerais se expressam nas áreas de conhecimento. Nas áreas de linguagem e ciências humanas, por abrigarem mais de um componente curricular, também são definidas competências específicas de cada componente a ser desenvolvidas no ensino fundamental, a exemplo da disciplina Língua Portuguesa, que abriga competências e habilidades específicas direcionadas aos "eixos de integração" correspondentes às práticas de linguagem (BRASIL, 2018, p. 71). As competências específicas

> possibilitam a **articulação horizontal** entre as áreas, perpassando todos os componentes curriculares, e também a **articulação vertical**, ou seja, a **progressão** entre o **Ensino Fundamental – anos iniciais** e o **Ensino Fundamental – Anos Finais** e a continuidade das experiências dos alunos, considerando suas especificidades (BRASIL, 2018, p. 28 – grifos do texto).

A organização do trabalho pedagógico, portanto, requer a articulação curricular horizontal e vertical, além de outros aspectos, entre os quais, a progressão curricular a ser garantida na passagem de um nível a outro de ensino, além de conexões necessárias entre os saberes disciplinares recontextualizados e/ou transpostos como objetos de estudo entre os anos desses níveis de ensino. O texto da BNCC traz ilustrados esses tipos de articulação, a partir do viés de competências gerais a serem desenvolvidas, como expostos nas figuras 1 e 2, a seguir:

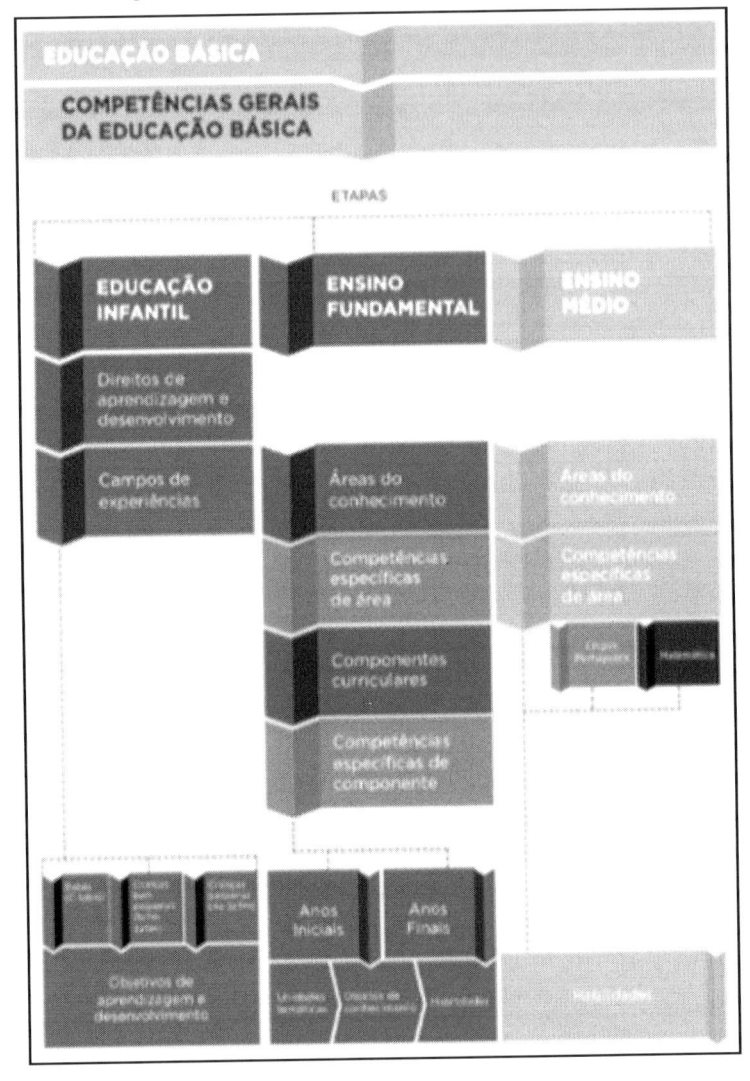

Figura 1 – Articulação curricular horizontal e vertical

Fonte: BRASIL, 2018, p. 24.

Pode-se entender como reducionista a articulação vertical que o documento estabelece, se vista apenas sob a perspectiva das relações que devem ser estabelecidas no interior de uma disciplina, da área de Linguagens, por exemplo, quando numa matriz curricular tenta-se articular os saberes sobre gêneros argumentativos, em diferentes exemplares dessa ordem de gêneros ensinados em anos anteriores e posteriores a determinado ano, de determinado nível de ensino.

Entretanto, uma articulação vertical também pode ser desenvolvida entre os ciclos dos diversos níveis de ensino e com base no agir pedagógico do professor, a partir do conhecimento que ele passa a ter sobre as experiências dos alunos quanto à construção de saberes e competências em anos anteriores. O agir docente envolveria, assim, as escolhas pedagógicas do professor quanto às opções por temas e tópicos de estudo, competências a serem priorizadas nos processos de ensino e aprendizagem e outros aspectos, de modo que, no encerramento de um ciclo ou nível de ensino, o currículo seja mantido verticalmente articulado e sistemicamente coerente.

A vivência que os estudantes tiveram com uma disciplina ou área disciplinar anteriormente é mais um elemento que pode favorecer a articulação curricular vertical. Suponha-se, por exemplo, que estudantes de uma determinada turma não apreciem a disciplina Língua Portuguesa, por se sentirem incapazes de ler com compreensão e escrever adequadamente, em decorrência de não terem desenvolvido habilidades de leitura e escrita esperadas. No caso, a prática do professor de Português deve considerar esse fator, que pode ser determinante para o desempenho da turma na disciplina. Nessa situação pedagógica, a articulação vertical não diz respeito, necessariamente, a conhecimentos construídos ou não sobre a língua, propriamente dita, mas a aspectos de letramentos pouco ou nada desenvolvidos.

Em relação à articulação curricular horizontal, a BNCC aponta a necessidade da identificação das relações que podem ser estabelecidas entre temas integradores diversificados nas disciplinas, além da observação de aspectos que transversalizam os diversificados campos de conhecimento. Uma vez que os temas integradores estão subsumidos no documento, as concepções e diretrizes para uma abordagem interdisciplinar, no tratamento de áreas e disciplinas curriculares, nos percursos de ensino, parecem ter sido pouco valorizadas, reduzindo-se suas proporções e minimizando-se sua abrangência.

A seguir, temos a síntese, no Documento, do modo como são os processos interdisciplinares promovidos pelas articulações curriculares vertical e horizontal, em relação às dez competências gerais.

Figura 2 – Articulação curricular e competências gerais

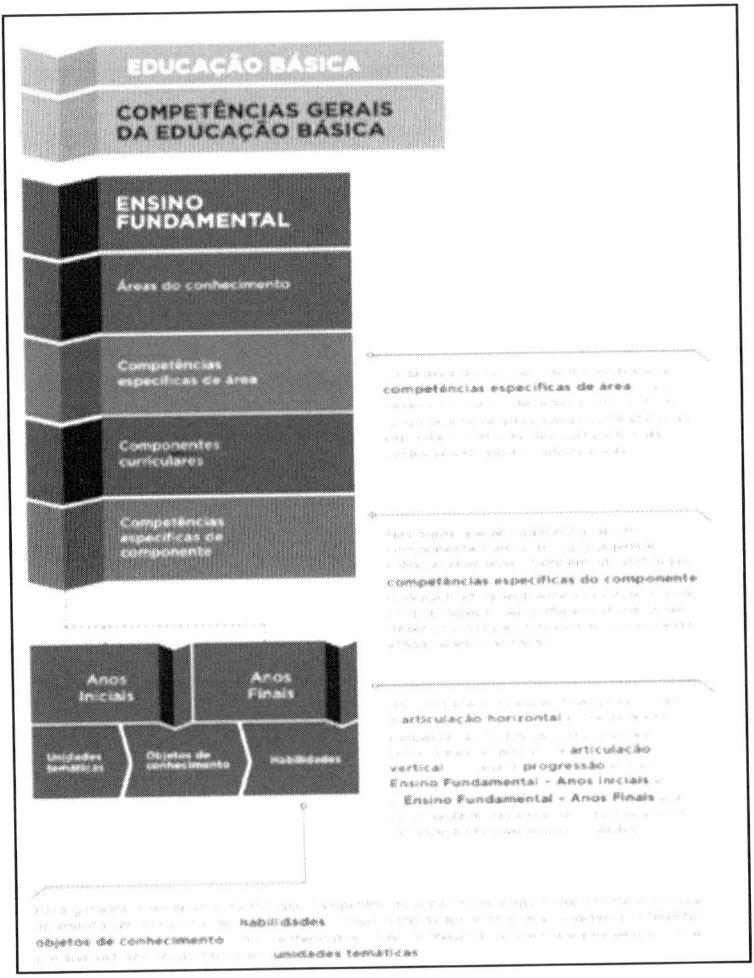

Fonte: BRASIL, 2018, p. 28.

As mesmas competências gerais são mantidas da educação infantil ao ensino médio, mas atreladas à ideia de progressão e articulação curricular, quando essas competências se desdobram ao longo das etapas da educação básica para que sejam adequadas às peculiaridades das fases do desenvolvimento dos estudantes.

Um possível obstáculo à articulação curricular por competências gerais é o seu tratamento como o próprio componente curricular a ser ensinado, desconsiderando-se um possível viés transdisciplinar, presente nas áreas de conhecimento e etapas de ensino e sua definição como "a mobilização de conhecimentos (conceitos e procedimentos), habilidades (práticas, cognitivas e socioemocionais), atitudes e valores para resolver demandas complexas da vida cotidiana, do pleno exercício da cidadania e do mundo do trabalho" (BRASIL, 2018, p. 8).

A fragmentação dos conhecimentos gerada pela disciplinarização dos campos de saber tem alicerçado o trabalho docente no ensino dos componentes curriculares. Para atenuar a desfragmentação dentro de uma mesma área de conhecimento e entre as diferentes áreas, são evocados, na Base, os temas integradores como noções que levam em conta as experiências individuais dos sujeitos da aprendizagem e se referem ao seu contexto de vida envolvendo sua identidade, seus modos de interação social, seus valores éticos e sua compreensão crítica do mundo.

Os objetivos de aprendizagem estão internamente relacionados aos componentes curriculares presentes nas áreas de conhecimento, que apresentam um conjunto de habilidades relacionadas a diversificados objetos de conhecimento (conteúdos, conceitos e processos), organizados em unidades temáticas.

Desse modo, é perceptível que a ideia de interdisciplinaridade da BNCC projeta a justaposição de disciplinas, o que marcaria uma multidisciplinaridade, procedimento que, embora suponha o alargamento dos territórios da disciplinaridade, limita-se à organização disciplinar do ensino. Pela proposta de trabalho pedagógico com unidades temáticas, um sistema de disciplinas seria acionado para a investigação de único tema, sem cooperação entre as disciplinas envolvidas na reflexão sobre determinada problemática.

Santomé (1998) esclarece que uma disciplina é um modo de organização e delimitação de um território de trabalho, na concentração da pesquisa e das experiências no interior de uma visada específica. Em consequência, as disciplinas estudam imagens particulares da realidade, ou seja, recortes específicos adequados à perspectiva de seu objetivo.

A interdisciplinaridade se realiza por meio de disciplinas, uma vez que propostas interdisciplinares de ensino são construídas com base nesses recortes específicos. Entretanto, as disciplinas sofrem transformações e estas são geradas, basicamente, por dois movimentos: a) pela ampliação de um campo disciplinar estabelecido e b) pela integração entre áreas de disciplinas diversificadas, mas com objeto de estudo comum, como assegura Santomé (1998).

Embora a proposta de organização interdisciplinar da BNCC se aproxime mais de uma multidisciplinaridade, ao garantir a continuidade do texto como unidade de trabalho no ensino de Português, o documento abre caminho para a inter/transdisciplinaridade, pois adere a áreas mais amplas da linguística, a dos estudos enunciativos e discursivos. É interessante, nesse aspecto, que uma disciplina como a linguística, extremamente fixada em si mesma, possa contribuir para o ensino de língua, voltando seu olhar para amplas questões dialógicas, especialmente, quando a centralidade dos estudos é o texto. Interessante porque isso diz muito, não apenas do diálogo universal que envolve a constituição do eu e do outro no jogo interlocutivo da linguagem, mas, em especial, nas relações estabelecidas aqui, sobre inter/transdisciplinaridade, que enfocam o diálogo necessário entre as áreas do saber, para o enfrentamento de problemáticas e situações investigativas, no ensino da língua portuguesa, que exigem análise sob um enfoque transdisciplinar.

DO TEXTO AO CONHECIMENTO TRANSDISCIPLINAR

A questão da interdisciplinaridade e da transdisciplinaridade nos estudos da linguagem reconduz a discussão para o texto e o discurso, como objetos teóricos, que, na perspectiva bakhtiniana, mantêm sua autonomia como noções teóricas distintas, demandando, ainda assim, neles e por meio deles uma relação de interdependência, quando se estuda o texto em "seu núcleo de liberdade" (BAKHTIN, 2000a, p. 334).

A criação de um objeto novo – nos termos de Barthes (1988), para quem um fazer interdisciplinar não é o confronto entre disciplinas, no qual nenhuma abandona seu campo – nas ciências humanas é constituído pelo texto, objeto teórico pertencente a todas as disciplinas, sem se tornar propriedade de nenhuma delas.

Um ensino de língua inter/transdisciplinar projeta o olhar investigativo para o texto. Para Barthes (2008), seria o texto literário o objeto epistemológico indicado para a investigação sobre o fenômeno da linguagem, uma vez que esta modalidade de texto apresenta trama interdisciplinar, em sua conjugação de signos, que ultrapassa limites e migra para os mais diversificados domínios. Sem mesclar, indiscriminadamente, os saberes, destaca o saber privilegiado por cada disciplina.

Em situação de ensino de língua, onde as práticas de linguagem são privilegiadas, como apontam os referenciais curriculares atuais, diferentes configurações de textos ou os mais diversos gêneros do discurso, de diferentes campos de atuação humana, têm seu lugar como nível de análise, uma vez que todo texto produzido na língua em uso é um enunciado concreto e situado e, por isso mesmo, um acontecimento na vida da linguagem.

Como já exposto, a BNCC aponta para a promoção da interdisciplinaridade e para a construção de propostas curriculares sob uma perspectiva interdisciplinar e a estrutura do Documento permite a integração entre as disciplinas, o que favorece ações pedagógicas multidisciplinares. Entretanto, os modos pelos quais a interdisciplinaridade poderá vir a ser encaminhada são determinados pelos currículos e pelos projetos pedagógicos das escolas. Na especificidade do ensino de Língua Portuguesa, como posto na Base,

> [...] o texto ganha centralidade na definição dos conteúdos, habilidades e objetivos, considerado a partir de seu pertencimento a um gênero discursivo que circula em diferentes esferas/campos sociais de atividade/comunicação/uso da linguagem. Os conhecimentos sobre os gêneros, sobre os textos, sobre a língua, sobre a norma-padrão, sobre as diferentes linguagens (semioses) devem ser mobilizados em favor do desenvolvimento das capacidades de leitura, produção e tratamento das linguagens, que, por sua vez, devem estar a serviço da ampliação das possibilidades de participação em práticas de diferentes esferas/campos de atividades humanas (BRASIL, 2018, p. 67).

Sendo o texto o nível de análise e reflexão sobre a língua proposto, condicionado ao trabalho pedagógico a partir do viés enunciativo-discursivo de linguagem, ele é um dispositivo analítico propício para a cooperação entre os componentes curriculares funcionando para o fortalecimento desses componentes.

A BNCC assume amplamente esse princípio de trabalho analítico proporcionado pelo uso de textos reais, ao estabelecer pressupostos para o ensino que apontam para competências gerais interdisciplinadoras de áreas e disciplinas, em articulação curricular, ao longo da educação básica. Uma das estratégias de operacionalização das competências gerais proposta pelo Documento é a ênfase na garantia aos estudantes do desenvolvimento de competências específicas relacionadas a habilidades a serem alcançadas em cada etapa de ensino, a exemplo do que segue, destinada à área de Linguagens, códigos e suas tecnologias, como apresentadas na BNCC do ensino médio:

Quadro 1 – Competências e habilidades interdisciplinares

COMPETÊNCIA ESPECÍFICA 2
Compreender os processos identitários, conflitos e relações de poder que permeiam as práticas sociais de linguagem, respeitando as diversidades e a pluralidade de ideias e posições, e atuar socialmente com base em princípios e valores assentados na democracia, na igualdade e nos Direitos Humanos, exercitando o autoconhecimento, a empatia, o diálogo, a resolução de conflitos e a cooperação, e combatendo preconceitos de qualquer natureza.
HABILIDADE
(EM13LGG202) Analisar interesses, relações de poder e perspectivas de mundo nos discursos das diversas práticas de linguagem (artísticas, corporais e verbais), compreendendo criticamente o modo como circulam, constituem-se e (re)produzem significação e ideologias.

Fonte: BRASIL, 2018, p. 490-492.

As diretrizes da competência específica 2 e uma das quatro habilidades atreladas àquela, como descritas na BNCC, potencializam relações interdisciplinares que podem ser concretizadas pela reflexão sobre as práticas sociais de linguagem. O estudo do texto e do discurso, mediado pelos gêneros textuais é a opção pedagógica viável para se atingir esse ideal de interdisciplinaridade.

A ressignificação dos saberes disciplinares ou conteúdos teóricos próprios das várias disciplinas pode ocorrer a partir de reflexões sobre problemas locais ou universais e seu enfrentamento, motivando transformações nas próprias teorias para sua significação em contexto presente. No tratamento do texto, como objeto de análise, é crucial tomá-lo como evento, acontecimento da vida da linguagem que abarca história, sociedade, sujeitos, valores, posicionamentos, o que o impede de ser analisado unicamente na imanência da materialidade linguística. O acontecimento vivo só se faz quando o texto é encarado em sua interação verbal e isto envolve a ação entre interlocutores, na sua produção e recepção.

O estabelecimento das relações dialógicas entre textos e discursos favorece o encaminhamento transdisciplinar do ensino das práticas de linguagem e de conhecimentos outros que essas práticas mobilizam, visto que o texto é o dado primário na formulação dos conhecimentos, nas ciências humanas, como já afirmado.

Brait (2016) alerta que, na perspectiva dialógica, essa alusão não pode ser entendida unicamente como intertextualidade, no sentido de materialidades textuais semelhantes, uma vez que este princípio de composição textual é só uma das peculiaridades da tensão entre índices valorativos confrontados no diálogo que um texto estabelece com passado, presente e futuro e que inevitavelmente abre espaços para novos diálogos. Um texto, em diálogo com outro(s) texto(s), configura o(s) contexto(s) de produção e circulação dos discursos, como assevera Bakhtin: "o texto só vive em contato com outro texto (contexto). Somente em seu ponto de contato é que surge a luz que aclara para trás e para frente, fazendo que o texto participe de um diálogo" (BAKHTIN, 2000b, p. 404).

Nas especificidades das habilidades sugeridas pela BNCC para a disciplina Língua Portuguesa, observa-se concepções e noções discutidas que centralizam o tratamento pedagógico do texto como objeto de ensino potencializador da interdisciplinaridade:

Quadro 2 – Texto: intertextualidade e interdiscursividade

Habilidades	Competências específicas
(EM13LP01) Relacionar o texto, tanto na produção como na leitura/escuta, com suas condições de produção e seu contexto sócio-histórico de circulação (leitor/audiência previstos, objetivos, pontos de vista e perspectivas, papel social do autor, época, gênero do discurso etc.), de forma a ampliar as possibilidades de construção de sentidos e de análise crítica e produzir textos adequados a diferentes situações.	2
(EM13LP03) Analisar relações de intertextualidade e interdiscursividade que permitam a explicitação de relações dialógicas, a identificação de posicionamentos ou de perspectivas, a compreensão de paráfrases, paródias e estilizações, entre outras possibilidades.	1

Fonte: BRASIL, 2018, p. 506.

No(s) ponto(s) de contato do texto com outro(s) texto(s), é constituído o diálogo entre indivíduos e estabelecidas relações dialógicas, pelas quais os sentidos são construídos. É o dialogismo, entendido como tessitura de muitas vozes, condição da interação verbal, em que os discursos se entrecruzam e respondem uns aos outros; ou seja, as mais diversificadas vozes, inscritas em ditos passados que irrompem no discurso e são ressignificadas, atualizadas, como sustentáculos dos textos e dos discursos do presente, gerando movimentos contínuos de retornos e rupturas.

No êxito dialógico do texto, se alcança a transdisciplinaridade entre objetos de estudo e as situações de ensino de Língua Portuguesa são acolhedoras dessa ultrapassagem de conhecimentos que proporciona discussões frutíferas sobre problemas mais amplos a problemas específicos que se expandem para diferentes campos sociais.

A dialogicidade se dá no texto e nas relações entre textos; no texto enquanto acontecimento da língua em seus usos por sujeitos social e historicamente situados. Língua e sujeito são influenciados por discursos de outros e por relações dialógicas de confronto, de recusa, de aceitação, de negação, entre outras.

As relações dialógicas reproduzem os processos sociais e os embates ideológicos próprios da vida em sociedade e é por isso que, numa concepção dialógica de linguagem, o sujeito é constituído na relação com o outro, uma vez que tudo o que está na consciência chegou até ela por meio dos outros, das palavras dos outros, na interação verbal. A linguagem é fundamentalmente transdisciplinar e um processo de ensino de Língua Portuguesa pautado por esse princípio é bastante frutífero.

CONSIDERAÇÕES FINAIS

No pensamento dialógico, o sujeito é construído como um diálogo entre discursos, porque mantém elos dialógicos com outros discursos, visto que "a dialética nasceu do diálogo para retornar ao diálogo num nível superior (ao diálogo das pessoas)" (BAKHTIN, 2000b, p. 404). O ser é construído, portanto, na relação de alteridade. As ciências exatas, em sua forma monológica de produção de conhecimento, negam essa relação dialética, estudando um objeto "mudo". Por outro lado, nas ciências humanas, o trato com o sujeito só pode ser dialógico (BAKHTIN, 2000b, p. 403), uma vez que o texto, seu objeto de estudo, é fundado na dialogicidade, o que caracteriza sua singularidade, ainda que exista como materialidade sígnica.

Um ensino de Língua Portuguesa, como o proposto na BNCC, subsidiado por concepções enunciativo-discursivas, é tributário dessa visão dialógica de linguagem tendo em vista que o texto é o nível de análise proposto no documento e objeto de conhecimento a partir do qual as práticas de linguagem devem ser trabalhadas nos processos de ensino e aprendizagem. Perspectiva de ensino bastante profícua para se tentar proceder a inter/transdisciplinaridade do ensino amenizando a fragmentação dos saberes, das disciplinas e áreas de conhecimento.

A desfragmentação e, consequentemente, o tratamento interdisciplinar do conhecimento é apresentada como princípio pedagógico fundamental na Base e essa perspectiva atinge as políticas de formação inicial e continuada de professores da educação básica como parte constituinte dos encaminhamentos a serem adotados na gestão dos programas, do planejamento, dos processos de avaliação e regulação das instituições formadoras, bem como das instituições escolares.

Entretanto, é preciso entender que a sonhada desfragmentação dos conhecimentos, motivada pela integração interdisciplinar do currículo, não é suficiente para que os estudantes se desenvolvam globalmente, pois interdisciplinaridade, como articuladora no processo de ensino e aprendizagem, só se faz como ação conjunta, e isto implica a ação de diferentes atores. É um modo de pensar e, consequentemente, elemento fundamental na organização curricular.

A BNCC estabelece que os componentes curriculares para a educação básica visam a uma aprendizagem que promova o desenvolvimento global dos estudantes, sendo, também, os objetivos dos processos de ensino formulados sob essa orientação, no Documento, nos seguintes termos: "[...] a superação da fragmentação radicalmente disciplinar do conhecimento, o estímulo à sua aplicação na vida real, a importância do contexto para dar sentido ao que se aprende e o protagonismo do estudante em sua aprendizagem e na construção de seu projeto de vida" (BRASIL, 2018, p. 15).

Entretanto, a articulação interdisciplinar não pode ser vista como um fim em si mesmo, mas como meio para a promoção das aprendizagens, entendendo-se os processos pedagógicos como o caminho a ser trilhado para o alcance do aprendizado e, os saberes curriculares, como a iluminação que possibilita ao estudante aprendizagens significativas.

Neste estudo foi defendida a ideia de que não apenas no ensino de Língua Portuguesa, mas em todas as disciplinas e áreas de conhecimento, o texto é reconhecido como elemento catalisador da inter/transdisciplinaridade dos saberes. Como visto, Bakhtin (2000b), ao teorizar sobre o texto, reconhece a necessidade de se escutar a multiplicidade de vozes, a polissemia que a linguagem implica e possibilita aflorar.

Essa concepção direciona para a necessidade de se estudar no texto/discurso a relação de concordância ou discordância entre vozes que povoam os enunciados concretos abrindo uma porta para se entender que não apenas o texto literário, mas qualquer texto guarda consigo uma propriedade singular, o dialogismo, o infindável retorno aos textos já-ditos e aos que hão de ser. O diálogo. É a ponte para a transdisciplinaridade.

As palavras, os textos, os discursos, enfim, os enunciados refletem e refratam ideologias, disputas e conflitos dos indivíduos em interação, que são seres ativos constituídos pelas palavras de outros. Nessa esteira, como contribuição para a área de estudos da linguagem e do ensino de língua portuguesa, foi ratificada a produtividade e a aplicabilidade do texto como objeto privilegiado para o ensino da língua e das linguagens, por sua natureza transdisciplinar.

REFERÊNCIAS

BAKHTIN, M. **Os gêneros do discurso**. Tradução, prefácio, notas e glossário de Paulo Bezerra; organização da edição russa de Serguei Botcharov. São Paulo: Editora 34, 2016.

_____. O problema do texto. In: **Estética da criação verbal**. Tradução Maria Emantina Galvão G. Pereira. São Paulo: Martins Fontes, 2000a, p. 327-358.

. Observações sobre a epistemologia das ciências humanas. In: **Estética da criação verbal**. Tradução Maria Emantina Galvão G. Pereira. São Paulo: Martins Fontes, 2000b, p. 399-414.

_____. **Problemas da poética de Dostoiévski**. Tradução Paulo Bezerra. 2. ed. Rio de Janeiro: Forense Universitária, 1997.

BARBOSA, L. M. S. A epistemologia da psicopedagogia: reconhecendo seu fundamento, seu valor social e seu campo de ação. Comemorando os 15 anos da ABPp – Paraná Sul, 2006. **Revista Psicopedagogia**. Associação Brasileira de Psicopedagogia, v. 73, p. 90-100, 2007. Disponível em: http://www.revistapsicopedagogia.com.br/artigos-autor/ Acesso em: 14 jun. 2019.

BARROS, D. L. P. de. Contribuições de Bakhtin às teorias do discurso. In: BRAIT, B. (org.). **Bakhtin, dialogismo e construção do sentido**. São Paulo: Editora da Unicamp, 2005, p. 25-36.

BARTHES, R. **Aula**. Tradução Leyla Perrone-Moisés. São Paulo: Cultrix, 2008.

_____. Jovens pesquisadores. In: **O rumor da língua**. Tradução Mário Laranjeira. São Paulo: Brasiliense, 1988.

BRAIT, B. O texto nas reflexões de Bakhtin e do Círculo. In: **O texto e seus contextos**. São Paulo: Parábola Editorial, 2016, p. 13-30.

_____. Perspectiva dialógica. In: BRAIT, B.; SOUZA-E-SILVA, M. C. (org.). **Texto ou discurso?** São Paulo: Contexto, 2012, p. 9-29.

_____. Análise e teoria do discurso. In: BRAIT, B. (org.). **Bakhtin**: outros conceitos-chave. São Paulo: Contexto, 2010, p. 9-31.

_____. Introdução. Alguns pilares da arquitetura bakhtiniana. In: BRAIT, B. **Bakhtin**: conceitos-chave. São Paulo: Contexto, 2005, p. 7-10.

BRASIL. Ministério da Educação. **Base Nacional Comum Curricular**. Documento homologado pela Resolução nº 4, de 17 de dezembro de 2018, publicada no Diário Oficial da União de 18/12/2018, Seção 1, p. 120. Brasília, 18 de dezembro de 2018. Disponível em: http://basenacionalcomum.mec.gov.br/images/BNCC_publicacao.pdf. Acesso em: 20 set. 2019.

CLARK, K.; HOLQUIST, M. **Mikhail Bakhtin**. Tradução J. Guinsburg. São Paulo: Perspectiva, 1998.

DELATTRE, P. **Investigações interdisciplinares**. Objectivos e dificuldades. 2005. Disponível em: https://webpages.ciencias.ulisboa.pt/~ommartins/mathesis/delattre.htm. Acesso em: 20 abr. 2019.

FARACO, C. A. **Linguagem & diálogo**: as ideias linguísticas do círculo de Bakhtin. São Paulo: Parábola, 2010.

FIORIN, J L. **Linguagem e interdisciplinaridade**. Alea: Estudos Neolatinos, v. 10, n. 1, 2008, p. 29-53.

KOCH, I; V., ELIAS, V. M. **Ler e compreender**: os sentidos do texto. São Paulo: Contexto, 2006.

MAGALHÃES, E. M. **Interdisciplinaridade**: por uma pedagogia não fragmentada. 2005. Disponível em: www.ichs.ufop.br/AnaisImemorial. Acesso em: 15 jun. 2019.

MORSON, G. S.; EMERSON, C. **Mikhail Bakhtin**: criação de uma prosaística. Tradução Antonio de Pádua Danesi. São Paulo: Ed. da USP, 2008.

NICOLESCU, B. **The transdisciplinar evolution of learning**, 2005. Disponível em: www.learndev.org/dl/nicolescu_f.pdf. Acesso em: 19 maio 2019.

_____. **Um novo tipo de conhecimento**: transdisciplinaridade, 1999. Disponível em: www.ufrrj.br/leptrans/arquivos/conhecimento.pdf. Acesso em: 30 maio 2019.

SANTOMÉ, J. T. **Globalização e interdisciplinaridade**: o currículo integrado. Porto Alegre: Ed. Artes Médicas, 1998.

SAUSSURE, F. **Curso de linguística geral**. São Paulo: Cultrix, 1995.

_____. **Escritos de linguística geral**. São Paulo: Cultrix, 1977.

TARDIF, Maurice. **Saberes docentes e formação profissional**. 10. ed. Petrópolis: Vozes, 2010.

TODOROV, T. **Mikhaïl Bakhtine**: le príncipe dialogique suivi de écrits du Cercle de Bakhtine. Paris: Éditions du Seuil, 1981.

VOLÓCHINOV, V. (Círculo de Bakhtin). **Marxismo e filosofia da linguagem**. Problemas fundamentais do método sociológico na ciência da linguagem. Tradução Sheila Grillo e Ekaterina Vólkova Américo. 2. ed. São Paulo: Editora 34, 2018.

CAPÍTULO 3

ARGUMENTAÇÃO NA BNCC E NA PRÁTICA DOCENTE: REFLEXÕES SOBRE UMA EXPERIÊNCIA COM CARTAZES EDUCATIVOS NO CICLO DE ALFABETIZAÇÃO[1]

Telma Ferraz Leal
Ana Carolina Perrusi Brandão[2]

INTRODUÇÃO

A proposição do ensino da argumentação na Educação Básica está presente na Base Nacional Comum Curricular (BRASIL, 2018), como pode ser visto no item 07 das competências gerais listadas no documento:

> Argumentar com base em fatos, dados e informações confiáveis, para formular, negociar e defender ideias, pontos de vista e decisões comuns que respeitem e promovam os direitos humanos, a consciência socioambiental e o consumo responsável em âmbito local, regional e global, com posicionamento ético em relação ao cuidado de si mesmo, dos outros e do planeta (BRASIL, 2018, p. 09).

---

[1] Apoio Conselho Nacional de Pesquisa e Pós-Graduação em Educação – CNPq.
[2] Priscilla S. de Lira Oliveira, Maria Carolina Fernandes de Araújo, Edla Ferraz Correia e Renata da Conceição Silveira realizaram atividades de observação de aulas, elaboração de relatórios dessas aulas e categorização de dados durante o período em que foram bolsistas do Programa Institucional de Bolsas de Iniciação Científica (Pibic/UFPE/CNPq).

Tal competência geral é mobilizada em vários outros trechos do documento, sobretudo na discussão sobre os campos de atuação nos quais circulam textos da ordem do argumentar. Também aparece em objetivos de aprendizagem específicos que tratam sobre recursos da língua comuns em diferentes situações em que a argumentação se faz presente.

Para evidenciar as relações entre tal competência geral e outros conhecimentos específicos indicados na BNCC, apresentamos, neste artigo, a análise de uma sequência didática voltada para a leitura e a produção de cartazes educativos com crianças do ciclo de alfabetização. Ao fazer isso, enfocaremos dois aspectos: a mediação pedagógica da professora e a comparação entre produção inicial e final dos cartazes elaborados pelas crianças, buscando travar um diálogo com trechos da BNCC.

A sequência foi planejada no âmbito de um projeto de pesquisa voltado para a proposição e avaliação de intervenções didáticas com o objetivo de ampliar as capacidades argumentativas das crianças, em turmas dos anos iniciais do Ensino Fundamental.

Vale salientar que concebemos a argumentação como uma forma discursiva que implica a presença, de modo explícito ou implícito, de diferentes vozes que representam ideias distintas e potencialmente contrárias (VAN EEMEREN; GROOTENDORST; JACKSON; JACOBS, 1997).

Considerando que a argumentação faz parte de diferentes esferas de interação, defendemos que, desde cedo, é importante que as crianças possam desenvolver suas habilidades de expressar pontos de vistas, justificar suas opiniões e aprender a contra-argumentar, tanto na modalidade oral, como na escrita. Entendemos ainda que, ao investir nessas habilidades, estaremos favorecendo o pensamento reflexivo, algo fundamental para uma inserção mais crítica e ativa na sociedade.

A opção por planejar uma sequência didática envolvendo cartazes educativos se justifica por diferentes razões. Uma delas é a presença de certas características nesse gênero que favorecem o trabalho com crianças que estão em processo de alfabetização. Os cartazes educativos envolvem a produção e a leitura de textos curtos, geralmente, em letra de imprensa maiúscula e apresentam imagens que colaboram para a construção dos sentidos do texto. Além disso, recursos comuns nesse gênero, como a utilização de frases de efeito, oportunizam o desenvolvimento de habilidades inferenciais, algo essencial para a formação de leitores. Desse modo, consideramos que, em relação ao ensino da leitura de textos, o trabalho voltado para as capacidades inferenciais é central. A esse respeito, é preciso fazer uma ressalva à Base Nacional Curricular Comum, pois, na listagem dos objetivos de aprendizagem específicos relativos aos anos 1 e 2 não se faz qualquer menção à relevância de vivenciar situações em que as crianças leiam textos para aprender a elaborar inferências. Apontamos, portanto, uma inconsistência no documento, já que, a nosso ver, não há como favorecer o desenvolvimento da competência geral da argumentação sem um trabalho que promova as capacidades inferenciais.

No próximo item, aprofundaremos as reflexões sobre o gênero cartaz educativo e, na seção final deste capítulo, voltaremos a discutir sobre a inconsistência indicada acima.

O CARTAZ EDUCATIVO E SUAS CARACTERÍSTICAS

A escolha do trabalho com cartazes educativos também resultou do fato de que este é um gênero da ordem do argumentar bastante presente no cotidiano das crianças, compondo o que, segundo a Base Nacional Comum Curricular, constitui o "Campo da Vida Pública". Nessa direção, o documento propõe que a escola favoreça situações didáticas que promovam a

> [...] leitura e escrita, especialmente de textos das esferas jornalística, publicitária, política, jurídica e reivindicatória, contemplando temas que impactam a cidadania e o exercício de direitos. Alguns gêneros textuais deste campo: notas; álbuns noticiosos; notícias; reportagens; cartas do leitor (revista infantil); comentários em *sites* para criança; textos de campanhas de conscientização; Estatuto da Criança e do Adolescente; abaixo-assinados; cartas de reclamação, regras e regulamentos (BRASIL, 2018, p. 105).

Mais uma vez, ressaltamos a importância do tratamento da elaboração inferencial no ensino da leitura, pois os gêneros que ilustram o campo de atuação referido acima requerem a compreensão de ideias implícitas e não apenas a leitura do que está na superfície dos textos.

A organização da Base Nacional Curricular Comum em campos de atuação traduz, por outro lado, uma tentativa positiva de aproximar as práticas de leitura, escrita e fala escolares das não escolares. Tal procedimento está em consonância, portanto, com a ideia de que a apropriação pelos aprendizes de diversos gêneros discursivos contribui para que eles compreendam práticas sociais diversas e modos de interação presentes na sociedade. Nessa perspectiva, estamos concebendo os gêneros discursivos como instrumentos, tal como proposto por Schneuwly (1998), ao mobilizar proposições de Rabardel. Segundo ele, o gênero manifesta-se no produto material existente fora do sujeito ou, como proposto por Bakhtin (2000), constitui-se como "formas relativamente estáveis de enunciados".

O pressuposto de que o ensino da língua deve estar ancorado nas aproximações com os usos sociais da escrita nos diferentes contextos sociais é também destacado na Base Nacional Comum Curricular, que indica a seguinte competência a ser objeto de ensino na escola:

> Apropriar-se da linguagem escrita, reconhecendo-a como forma de interação nos diferentes campos de atuação da vida social e utilizando-a para ampliar suas possibilidades de participar da cultura letrada, de construir conhecimentos (inclusive escolares) e de se envolver com maior autonomia e protagonismo na vida social (BRASIL, 2018, p. 87).

Como dito anteriormente, o trabalho com cartazes educativos coloca em relevo a inserção dos estudantes em um campo importante da vida social: Campo da Vida Pública, constituindo-se como um texto publicitário.

A respeito desses textos, Sandmann afirma que (1993, p. 10): "em português [o termo] publicidade é usado para a venda de produtos ou serviços e propaganda [é usada] tanto para a propagação de ideias como no sentido de publicidade". Nossa atenção, portanto, recai sobre textos que propagam ideias sem fins comerciais, ou seja, aqueles adotados em campanhas educativas. No entanto, reconhecemos que tais textos podem ter muitas semelhanças com textos comumente usados em propagandas comerciais.

Um primeiro ponto de convergência é que tanto os cartazes educativos como os textos publicitários são ancorados intensamente nos modos como seus autores representam o perfil de seu público-alvo. Isto é, "uma campanha publicitária – ou mesmo uma peça publicitária isolada – é construída a partir das representações do consumo e dos valores dos grupos sociais aos quais se destina" (HOFF, 2005, p. 5). Do mesmo modo, os cartazes educativos fazem apelos construídos com base nas antecipações que seus autores elaboram a partir dos valores difundidos entre os leitores pretendidos.

Outro ponto de semelhança é que "uma das marcas fortes na linguagem da propaganda consiste em lançar mão do não dito, mas insinuado" (FERRONATO; FERRONATO, 2001, p. 189) e isto ocorre tanto na maior parte dos textos comerciais, quanto nos textos de campanhas educativas.

A preocupação com os recursos estilísticos para causar efeitos de sentido também é marcante em textos de propaganda de modo geral, mas também podem estar presentes nos cartazes educativos. Segundo Ferronato e Ferronato (2001, p. 190), os textos publicitários podem utilizar recursos estilísticos, representados por:

a. ruídos provocados pela repetição de consoantes no discurso (aliterações);

b. encontros de sons melódicos e agradáveis (consonâncias);

c. sucessão de vogais e de consoantes, com a finalidade de provocar harmonia e elegância no texto (eufonia);

Além desses recursos, é possível conseguir efeitos especiais pelo uso de:

d. inversões, possivelmente para evidenciar algum ponto-chave da oração ou do período;

e. figuras de linguagem, que podem ser exploradas por meio de comparações, metáforas, hipérboles, antíteses, metonímias, cujo simbolismo pode registrar marcas fortes na linguagem;

f. ritmo, pelo qual se exploram sílabas fortes e sílabas fracas, dando ideia de musicalidade, com o intuito de facilitar a memorização e despertar emoções;

g. elipses: com elas procura-se dar maior objetividade e efeito aos textos, para provocar a atenção do leitor;

h. construções de frases expressivas: este é um meio muito difundido. Manifesta-se pelo emprego de palavras-chave de efeito especial, que tenham significado forte; evidencia-se, principalmente, pela exploração de verbos, de substantivos e de adjetivos; pelo uso de palavras-instrumento, que fazem o elo entre as orações;

i. palavras de efeito sugestivo, que atingem o campo emocional, *scilicet*, palavras que exprimem amor, desejo, prestígio e outras;

j. uso de clichês modificados, que podem ser alterados quer quanto à forma de expressão, quer quanto ao sentido;

k. princípios da retórica e sentenças lógicas: a argumentatividade pode também alicerçar-se nos princípios da retórica, em suas diversas concepções, e em sentenças cristalizadas pela lógica.

Os efeitos são também resultado do uso marcante de notações variadas, como cores, tamanho das letras, pontuação. A condução dos leitores é realizada, ainda, por meio de recursos imagéticos, pois os sentidos geralmente não são construídos apenas pelos textos verbais. De fato, como sabemos, as imagens têm um papel de destaque na publicidade e, para Barthes (1966, p. 31), "as imagens são ambíguas ou polissêmicas". Além disso, nos gêneros discursivos publicitários, é comum o recurso aos subentendidos nas duas modalidades: verbal e não verbal.

Em síntese, além de serem altamente polissêmicos, os textos de propaganda são altamente polifônicos. Para começar, podemos destacar que a própria autoria é plural. Ou seja, diferentes profissionais engajam-se na produção do texto e, no caso do cartaz educativo, assume-se uma autoria institucional, cuja responsabilidade do dizer é dispersa. De igual modo, os destinatários também são plurais. Mesmo havendo um, ou mais de um segmento social pretendido, tal segmento é, em geral, muito heterogêneo. Decorre, então, que diferentes vozes sociais são mobilizadas nesses textos para garantir uma aproximação com o público, tornando-os recursos didáticos poderosos, tal como defende Hoff (2005, p. 7):

> Concebendo dialogismo como "o espaço interacional entre o eu e o tu ou entre o eu e o outro, no texto", Bakhtin entende linguagem como algo que se constitui no e do social. O texto publicitário comporta muitas vozes: estudá-lo sob tal pressuposto teórico pode auxiliar o professor a construir um procedimento de leitura capaz de possibilitar ao educando reconhecer suas características preponderantes e também as formas argumentativas e persuasivas que imperam nas mensagens comerciais.

Em outras palavras, "a publicidade manipula, por intermédio dos símbolos, uma série de representações sociais e demonstra que tem grande espaço disponível para falar com a sociedade e dessa sociedade" (FERRONATO; FERRONATO, 2001, p. 197). Nesse sentido, o trabalho com textos publicitários pode colaborar para que os estudantes se tornem capazes de "Analisar informações, argumentos e opiniões manifestados em interações sociais e nos meios de comunicação, posicionando-se ética e criticamente em relação a conteúdos discriminatórios que ferem direitos humanos e ambientais", tal como posto na BNCC (BRASIL, 2018, p. 87).

Podemos dizer ainda que a exploração de cartazes educativos na escola contribui para contemplar outra competência, proposta no referido documento, qual seja: "Ler, escutar e produzir textos orais, escritos e multissemióticos que circulam em diferentes campos de atuação e mídias, com compreensão, autonomia, fluência e criticidade, de modo a se expressar e partilhar informações, experiências, ideias e sentimentos, e continuar aprendendo" (BRASIL, 2018, p. 87).

Nessa direção, analisamos, na pesquisa relatada aqui, as potencialidades do gênero cartaz educativo para o trabalho pedagógico. Tais gêneros de propaganda buscam modificar comportamentos sociais por meio do convencimento e da persuasão. No nosso caso, optamos por textos produzidos por órgãos públicos, que têm objetivos relativos ao "bem-estar social" e à defesa dos direitos humanos.

METODOLOGIA DA PESQUISA

As professoras participantes desta pesquisa faziam parte de um grupo formado por docentes do Centro de Educação, alunas dos cursos de Doutorado e de Mestrado em Educação e alunas de graduação em Pedagogia da UFPE, além de outras professoras da Educação Básica. Nas reuniões deste grupo de pesquisa, diferentes gêneros discursivos da ordem do argumentar eram discutidos, sendo planejadas sequências didáticas para o trabalho pedagógico com turmas do 1º ciclo do Ensino Fundamental.

As docentes da Educação Básica escolhiam os gêneros que gostariam de trabalhar com seu grupo de alunos e desenvolviam a sequência planejada no grupo, fazendo as adaptações que julgassem necessárias. Para a sequência com o gênero cartaz educativo, lemos e discutimos alguns artigos abordando as características dos textos publicitários a fim de fornecer fundamento teórico para a definição de objetivos didáticos e de propostas de atividades.

O desenvolvimento das sequências foi observado por quatro alunas da graduação, com o apoio de gravação em áudio e também em vídeo, em alguns casos. As datas das observações foram previamente agendadas com as professoras. Com base na transcrição desse material e das anotações de campo, as alunas elaboravam relatórios de aula. Tais relatórios eram lidos e discutidos no grupo de pesquisa.

As três professoras (aqui chamadas de Vitória, Vera e Roberta – nomes fictícios) que desenvolveram a sequência com cartazes educativos atuavam em turmas no 3º ano do primeiro ciclo de três escolas municipais da cidade do Recife. A professora Vitória, com formação em Pedagogia, tinha 31 anos, trabalhava há sete anos como docente e atuava nas redes municipais de Jaboatão e do Recife. Sua turma tinha 25 crianças, na faixa etária de 7 a 9 anos de idade. A professora Vera tinha 40 anos, trabalhava como professora há 22 anos na Rede Municipal do Recife e também era graduada em Pedagogia. Sua turma tinha 25 crianças na faixa etária de 8 a 9 anos. A professora Roberta, por sua vez, tinha 41 anos e trabalhava como professora há 20, sendo 15 na Prefeitura do Recife. Sua turma tinha 28 alunos, na faixa etária de 7 a 9 anos. A sequência foi desenvolvida durante um mês, em seis aulas no grupo de Vera e em sete aulas nas turmas de Vitória e Roberta.

A sequência didática foi planejada de acordo com a proposta de Dolz e Schneuwly (2004). Assim, partimos da "situação inicial" com a produção de cartazes educativos sobre o tema "alimentação saudável". Em seguida, planejamos uma sequência de atividades, composta por oito módulos, incluindo a "situação final", em que foi proposta a produção de novos cartazes. Abaixo, transcrevemos o planejamento na íntegra:

Situação inicial:

- Levantamento dos conhecimentos prévios dos estudantes sobre alimentação: O que vocês comem? Geralmente, o que vocês comem de manhã? De tarde? E de noite? O que é alimentação saudável? Por que chamamos de "saudáveis"? Quais seriam alimentos saudáveis?;

- Conversa sobre a possibilidade de as crianças organizarem uma campanha educativa na comunidade para conscientizar as pessoas sobre a importância de uma alimentação mais saudável;

• Conversa sobre as experiências prévias de contato com o gênero, mostrando cartazes educativos e conversando sobre o conteúdo que veiculam;

• Apresentação da situação inicial (em pequenos grupos): fazer um cartaz para convencer as pessoas da comunidade a melhorar a sua alimentação.

Módulo 1:
• Exposição de um cartaz educativo para o grupo e conversar a partir de perguntas, tais como: Sobre o que é o cartaz? Para que o cartaz foi produzido? Você acha que ele está bom para convencer as pessoas a (indicar as finalidades do texto)? Por quê?;

• Análise coletiva do apelo da campanha;

• Análise da imagem no cartaz e sua relação com o texto verbal;

• Divisão da turma em grupos de 4 crianças e entrega de um cartaz para cada grupo (utilizar apenas dois cartazes educativos diferentes);

• Ao entregar o cartaz para cada grupo, dar orientação para que discutam sobre: o que o cartaz está falando? Ele quer convencer a gente de alguma coisa? O que vocês acharam do cartaz?;

• Socialização das reflexões dos grupos sobre os dois cartazes. Cada grupo apresenta o que pensou

• Fechamento da discussão no grande grupo explorando o que foi visto nos dois cartazes.

Módulo 2:
• Retomada de um dos cartazes educativos fazendo a leitura da frase de efeito (usar cartaz sobre Aids);

• Discussão/reflexão sobre o sentido da frase;

• Discussão sobre as características dessas frases de efeito: curtas, tentam convencer as pessoas, às vezes são engraçadas, às vezes rimam, dentre outras características;

• Em pequenos grupos, construção de outra frase que possa substituir a frase desse cartaz;

• Apresentação dos grupos, com discussão;

• Apresentação de mais 3 frases de efeito, com discussão (digitar as frases do tamanho da que está no cartaz e colar em cima da frase do cartaz).

Módulo 3:
• Retomada do outro cartaz, com leitura da frase de efeito (usar cartaz sobre tuberculose);

• Discussão sobre o sentido da frase;

• Discussão sobre as características dessas frases de efeito;

• Em pequenos grupos, produção de desenho de uma imagem que poderia ser usada no cartaz (entregar cartolinas e escrever no quadro a frase para que eles copiem ao lado da imagem) e discussão;

• Apresentação das imagens produzidas por cada grupo e discussão;

• Apresentação de um novo cartaz com uma frase de efeito e imagem.

Módulo 4:

• Resolução de uma tarefa de interpretação de frases de efeito em pequenos grupos;

• Resolução de uma tarefa de completar frases de efeito em pequenos grupos (apresentar uma coluna com frases de efeito incompletas e outra coluna com as alternativas para completar a frase).

Módulo 5:
• Discussão, em grande grupo, de um cartaz com perguntas como: Sobre o que é o cartaz? Para que o cartaz foi produzido? Você acha que ele está bom para convencer as pessoas a (indicar finalidades do texto)? Por quê?;

• Análise coletiva do apelo da campanha e discussão sobre a relação entre a imagem do cartaz e o texto verbal;

• Análise de dois cartazes em pequenos grupos, seguindo o que foi feito no módulo 1.

Módulo 6:
• Retomada dos cartazes educativos sobre alimentação saudável produzidos pelas crianças na situação inicial;

• No grande grupo, realização da análise das frases efeito produzidas;

• Planejamento de como seria uma campanha educativa para convencer a comunidade a melhorar a alimentação e discussão em pequenos grupos sobre os cartazes que poderiam ser produzidos.

Módulos 7 e 8 (situação final):
• Em pequenos grupos, produção de um cartaz educativo;

• Revisão do texto em pequenos grupos;

• Escrita dos cartazes em cartolinas;

• Colagem dos cartazes na escola;

• Consulta sobre a opinião das pessoas sobre os cartazes expostos;

• Fechamento: Conversa sobre o que foi dito pelas pessoas que leram os cartazes na escola e avaliação da experiência vivida pela turma.

ANÁLISE DAS AULAS DA SEQUÊNCIA DIDÁTICA

Com base na análise dos relatórios de observação das aulas, foi possível constatar que as três docentes desenvolveram a sequência de modo participativo, demonstrando habilidade para conduzir os grupos e mantendo o interesse das crianças nas atividades propostas. Avaliando as aulas mais detidamente, observamos também variadas estratégias de mediação. Assim, podemos afirmar que as professoras:

– Estimulavam as crianças a expressar seu pensamento;
– Procuravam distribuir equitativamente o tempo de fala entre elas;
– Realizavam orientações individualizadas, quando necessário;
– Utilizavam estratégias para motivar a participação das crianças;
– Retomavam aulas anteriores, de modo a promover articulações entre as atividades;
– Favoreciam situações para o desenvolvimento de diferentes estratégias de leitura, tais como: identificação do tema, localização de informações, ativação de conhecimentos prévios, articulação texto verbal e imagem.

Vale frisar que a mediação pedagógica foi tomada como uma das categorias de análise por concebermos que o exame das situações didáticas, em qualquer contexto, deve ter como ponto de partida, necessariamente, as mediações. Para tal, assumimos o pressuposto de Vygotsky (1979; 1998), de que: "[a] transmissão racional e intencional da experiência e pensamento a outros requer um sistema mediador..." (VYGOTSKY, 1998, p. 7). E segundo Dias (2008, p. 7): "Este sistema, para além da linguagem, é constituído pelo universo das interações sociais".

Apesar dos aspectos positivos relativos às estratégias de mediação observadas nas práticas das três professoras, ao considerarmos o foco específico do trabalho – exploração de cartazes educativos –, algumas dificuldades foram encontradas.

De modo geral, constatamos que as docentes conseguiam em várias aulas mesclar, de modo equilibrado, as reflexões relativas às características do gênero cartaz educativo e as questões acerca dos conteúdos específicos dos textos lidos. Tal postura é importante porque, ao mesmo tempo em que as crianças podem entender melhor os textos, podem também refletir sobre os gêneros usualmente disponíveis para dar conta de uma determinada finalidade (propósito de interação). As reflexões sobre diferentes textos de um mesmo gênero, por sua vez, auxiliam os estudantes a compreender melhor as esferas sociais em que determinados gêneros circulam. Tal tipo de perfil de trabalho docente também foi encontrado em um estudo realizado por Leal, Brandão e Silva (2016, p. 440), com professoras do 2º ciclo do Ensino Fundamental. Em sua pesquisa, as autoras concluem que:

> As docentes promoveram um ensino bastante vinculado às orientações atuais acerca do ensino da língua. Um dos destaques a ser feito é a preocupação de explorar textos de circulação social, articulando a reflexão acerca das características do gênero à exploração dos textos lidos, distanciando-se de práticas em que a teorização do gênero seria a tônica do trabalho docente. Isso demonstra uma tentativa, por parte das professoras, de articular diferentes eixos de ensino da Língua Portuguesa em suas aulas. As práticas das duas docentes também indicaram a opção de não priorizar a aprendizagem das prescrições gramaticais em detrimento a um trabalho cujo objeto central é a interação por meio dos textos.

Porém, apesar de constatarmos diversos momentos de reflexão sobre o gênero em foco, nota-se, na mediação das professoras, certas lacunas conceituais importantes. Por vezes, vimos que as docentes tratavam os cartazes educativos como se eles tivessem as mesmas características de "cartazes didáticos", cujo objetivo é fornecer informações sobre certos temas, sem qualquer intenção de persuadir as pessoas a adotarem determinados tipos de comportamento. Comumente, esse tipo de cartaz traz apenas um título, informações sobre o tema estudado e ilustrações relativas ao texto.

Vejamos, por exemplo, o que dizem as professoras Roberta e Vera ao solicitarem que as crianças produzam um cartaz educativo na situação inicial:

> Professora: (...) Então, vocês vão construir aqui *um texto informativo*, em dupla. Então cada dupla vai trazer pra mim, certo, o que escreveu, para a gente juntos construir um só, certo?! É um *texto informativo*, então para construir, tem que ter muita informação. Quem prestou bem atenção nesses dias, tem

muita informação, certo?! E que foi que eu disse, procurem em casa, procurem com as pessoas de casa, não fique esperando só aqui, não, procure também com pessoas mais velhas, né?
Professora: (...) Prestem atenção, peguem o caderninho e vão discutir aí em grupo *o título para o seu cartaz*. Vocês vão pegar uma folha de caderno, ver a ideia pra depois fazer no cartaz, certo? Aqui tem cola, lápis de cor, hidrocor, quem quiser vem pegar.

Ainda a respeito do conceito do gênero cartaz educativo, apenas a professora Vitória enfatizou de modo claro que os cartazes realmente são textos apelativos que buscam informar, mas que pretendem, sobretudo, orientar comportamentos. Vejamos um trecho do diálogo entre a docente e as crianças que ilustra essa afirmação:

Professora: ...e o que mais uma frase de efeito precisa ter?
Aluna A: Chamar a atenção de quem tá vendo.
Professora: Isso! A frase de efeito precisa ser chamativa, convencer as pessoas sobre o que tá escrito ali, elas precisam concordar se é verdade ou não.
(...)
Professora: Vocês vão criar uma frase de efeito para convencer as pessoas sobre alimentação saudável.
Aluno A: Para chamar a atenção das pessoas sobre a alimentação saudável?
Professora: Exatamente! Vocês vão fazer uma frase de efeito para que as pessoas vejam que é importante ter uma alimentação saudável.

Vemos que a docente salienta que a frase de efeito precisa convencer as pessoas. Tal tipo de discussão é importante porque favorece a compreensão de que, embora não haja uma rejeição explícita ao que se quer defender, há, na situação de interação, algum comportamento, atitude ou ideia oposta ao que será defendido no cartaz. Afinal, não seria preciso convencer as pessoas de algo com que todos concordam ou que praticam. Ou seja, em relação à alimentação saudável, há comportamentos sociais de maus hábitos alimentares que precisam ser combatidos.

Nesse contexto, é também importante mediar de modo aprofundado, a fim de estimular a elaboração de argumentos contrários ao que é explicitado na frase de efeito. Dessa forma, permite-se que as crianças tomem consciência da necessidade de refutar os contra-argumentos. Como vimos acima, não houve aprofundamento da discussão, de modo que possíveis contra-argumentos para uma alimentação saudável não foram explicitados no diálogo da professora Vitória com as crianças.

Ao longo da sequência também não observamos ações de mediação que favorecessem essa aprendizagem. No entanto, no trabalho com gêneros da ordem do argumentar, pensar sobre possíveis contra-argumentos é fundamental para encontrar melhores estratégias de convencer o interlocutor acerca daquilo que se quer defender. Alguns estudos constatam, inclusive, que a inserção de contra-argumentos em textos escritos por crianças, individualmente, é algo perfeitamente possível, desde que a mediação docente favoreça a reflexão sobre esse elemento durante a atividade de produção do texto (ver, por exemplo, LEAL; MORAIS, 2006; ANDRADE; SEAL; LEAL, 2012). Andriessen, Coirier, Roos, Passerault e Bert-Erboul (1996) também afirmam que crianças são capazes de compor textos argumentativos com justificativa e contra-argumento quando precisam fazê-lo. Marchand (1993), De Bernard e Antolini (1996) e Vasconcelos, 1998) analisando textos produzidos por crianças, concluíram ainda que elas geram mais contra-argumentos em tarefas que impõem tal componente para que a coerência textual seja garantida.

Nas situações em que os docentes exploraram as imagens dos textos, também foram observadas algumas lacunas na mediação das professoras. Para pensar sobre as imagens, é importante partirmos do pressuposto de que "a imagem pode ter significado denotativo ou conotativo. Seu sentido polissêmico é delimitado pelo título do anúncio, mensagem linguística que a acompanha e orienta sua significação" (GONZALES, 2003, p. 19). As análises mostraram que as professoras frequentemente salientavam que as imagens e recursos notacionais serviam para chamar a atenção dos leitores. Porém, não enfatizavam a dimensão polissêmica das imagens e seus efeitos de sentido na sua relação com o texto verbal.

Também foi evidenciada uma baixa frequência de discussões em que as crianças fossem chamadas a explicitar as finalidades dos cartazes educativos que foram lidos durante a sequência. No entanto, refletir sobre essas finalidades é fundamental para que os estudantes entendam que tipos de propósitos podem gerar o interesse em produzir cartazes educativos.

Reflexões sobre a autoria e tipos de destinatários dos cartazes também foram raramente contempladas. Por outro lado, foram muitas as situações de reflexão sobre a forma composicional do gênero. Assim, as frases de efeito, imagens e recursos notacionais foram foco de atenção em muitas aulas. Tais temas foram tratados tanto de forma mais geral sobre o que seriam tais estratégias discursivas e sua importância, quanto de forma mais específica, em atividades de leitura e análise dos cartazes educativos que eram trazidos para a sala. Os temas tratados nos cartazes educativos também foram objeto de discussão. Dessa forma, os estudantes tiveram oportunidades de ampliar seus conhecimentos gerais sobre os diferentes assuntos abordados nos cartazes.

Por fim, vale destacar que os momentos de mediação nas atividades de produção textual se revelaram mais difíceis para as professoras. Ou seja, durante a produção escrita parecia haver uma menor preocupação das professoras com a retomada das questões conceituais discutidas anteriormente. Por outro lado, nas situações de discussão geral sobre o gênero e nas situações de leitura dos cartazes, a condução do diálogo pela professora se mostrou mais reflexiva.

Nas atividades de produção dos cartazes, foi ainda verificado que, apesar de as docentes explicitarem o gênero a ser produzido (no caso, o cartaz educativo), a temática do cartaz e a finalidade da escrita, constantemente "esqueciam" de indicar/refletir sobre quem seriam os destinatários pretendidos. Na socialização dos textos produzidos pelas crianças também não notamos um aprofundamento das aprendizagens.

Concluindo, vimos que os módulos da sequência didática planejados em conjunto englobavam diferentes tipos de reflexões, incluindo aspectos relativos à aprendizagem das características do gênero cartaz educativo, desenvolvimento de habilidades de leitura e de produção desses textos, além de aprendizagem de conceitos/conteúdos relativos aos temas tratados nos cartazes. No entanto, nem sempre as docentes conseguiam mediar as situações de modo a favorecer as aprendizagens.

Como será possível notar, apesar das fragilidades apontadas acima na mediação das docentes, aprendizagens importantes são constatadas quando comparamos cartazes educativos produzidos pelas crianças no início e no final da sequência didática. Tais evidências serão discutidas na próxima seção.

ANALISANDO OS CARTAZES EDUCATIVOS PRODUZIDOS PELAS CRIANÇAS

Os critérios utilizados para análise dos cartazes educativos produzidos pelas crianças na situação inicial e final foram elaborados em conjunto com as professoras nos encontros do grupo de pesquisa. A seguir, apresentaremos cada um dos cinco critérios adotados para essa avaliação, mostrando os resultados obtidos nas três turmas.

A) Delimitação temática

Com este critério de análise, buscamos identificar se o tema alimentação saudável foi claramente delimitado nos cartazes produzidos pelas crianças. Assim, dividimos os textos em dois blocos: os que apresentavam fuga ao tema ou delimitação inadequada e os que apresentavam boa delimitação temática. Na Tabela 1, são comparadas as situações inicial e final de todas as turmas quanto à quantidade de textos que apresentaram boa delimitação temática.

Tabela 1 – Frequência e porcentagem de textos com boa delimitação temática por situação e por turma

Professoras	Situação inicial			Situação final		
	Total de textos produzidos	Total de textos com boa delimitação temática	Percentagem de textos com boa delimitação temática	Total de textos produzidos	Total de textos com boa delimitação temática	Percentagem de textos com boa delimitação temática
Vitória	04	04	100%	06	06	100%
Vera	05	05	100%	05	05	100%
Roberta	05	04	80%	05	05	100%
Total	14	13	92,8%	16	16	100%

Fonte: autoras

Como podemos observar, as crianças, já na situação inicial, conseguiram delimitar claramente o tema dos textos. A única turma que teve produção inicial com problema de delimitação temática foi a Profa. Roberta. Mas, mesmo nesta turma, 100% dos textos produzidos no final da sequência foram classificados como adequados neste critério.

B) Construção das frases de efeito

Considerando que, na publicidade, o texto verbal tem tanto a função de apontar argumentos racionais para atestar a qualidade do produto, quanto de mobilizar a emoção dos consumidores (GONZALES, 2003), os textos nos cartazes educativos foram classificados em dois blocos. O primeiro bloco englobou os cartazes sem frase de efeito. Nestes casos, os textos se assemelhavam aos cartazes didáticos produzidos para feiras de conhecimento, em que as informações sobre pesquisas realizadas com as crianças são sistematizadas. Em geral, tal como já mencionamos anteriormente, esses cartazes apresentam um título sobre o assunto. Não se trata, portanto, de uma frase para destacar um determinado apelo com vistas a causar um certo efeito em seus interlocutores.

Nesse contexto, os textos também foram classificados em dois blocos: aqueles que traziam apenas um título ou o título seguido de informações sobre o tema da alimentação saudável e aqueles cartazes que apresentavam frases de efeito, contendo ao mesmo tempo argumentos racionais e apelos emocionais. Na Tabela 2 estão indicadas as frequências de cartazes com frases de efeito em todas as turmas, tanto na situação inicial quanto na final.

Tabela 2 – Frequência e porcentagem de textos com frases de efeito por situação e por turma

Professoras	Situação inicial			Situação final		
	Total de textos produzidos	Total de textos com inserção de frase de efeito	Percentagem de textos com inserção de frase de efeito	Total de textos produzidos	Total de textos com inserção de frase de efeito	Percentagem de textos com inserção de frase de efeito
Vitória	04	00	00%	06	06	100%
Vera	05	01	20%	05	05	100%
Roberta	05	01	20%	05	04	80%
Total	14	02	14,3%	16	15	93,8%

Fonte: autoras

Os dados mostram que a grande maioria dos cartazes produzidos no início da sequência, apesar de estarem dentro do tema proposto, não inseriam frases de efeito. Porém, nas três turmas houve um progresso significativo, já que, com exceção de um cartaz produzido na sala da professora Roberta, todos os demais apresentavam uma frase de efeito.

C) Relação entre texto verbal e imagem

Como foi salientado anteriormente, uma das características dos cartazes educativos é a inserção de textos verbais e imagens. A presença de textos desse tipo é ressaltada na Base Nacional Comum Curricular por favorecer situações em que os estudantes possam:

> Utilizar diferentes linguagens – verbal (oral ou visual-motora, como Libras, e escrita), corporal, visual, sonora e digital –, bem como conhecimentos das linguagens artística, matemática e científica, para se expressar e partilhar informações, experiências, ideias e sentimentos em diferentes contextos e produzir sentidos que levem ao entendimento mútuo (BRASIL, 2018, p. 09).

Analisando os cartazes produzidos na situação inicial, vimos que todos eles continham imagens. No entanto, ainda que este dado sinalizasse a importância desse elemento atribuída pelas crianças na produção desse gênero, as imagens eram apenas ilustrativas do tema. Ou seja, imagens de alimentos estavam presentes em todos os cartazes, mas estas não estavam associadas a qualquer efeito argumentativo. Ao final da sequência, porém, observamos a utilização de imagens que colaboravam para construção do apelo indicado no texto. Na Tabela 3, estão expostas as frequências e porcentagens de cartazes que continham imagens usadas de modo articulado com as frases de efeito.

Tabela 3 – Frequência e porcentagem de textos com articulação adequada entre imagem e frase de efeito por situação e por turma

Professoras	Situação inicial			Situação final		
	Total de textos produzidos	Total de textos com boa relação entre texto verbal e imagem	Percentagem de textos com boa relação entre texto verbal e imagem	Total de textos produzidos	Total de textos com boa relação entre texto verbal e imagem	Percentagem de textos com boa relação entre texto verbal e imagem
Vitória	04	00	00%	06	04	66%
Vera	05	01	20%	05	03	60%
Roberta	05	00	00%	05	05	100%
Total	14	01	7,1%	16	12	75%

Fonte: autoras

Como vimos na Tabela 3, ao final da sequência, todas as turmas avançaram, conseguindo produzir cartazes com um apelo subjacente às imagens. Tal progresso foi verificado, sobretudo, na sala da professora Roberta.

D) Aspectos gráficos (cores, tamanho das letras, disposição no espaço)/formatação

Os aspectos gráficos também foram analisados nos textos. De modo geral, avaliamos se havia um cuidado com o uso de recursos notacionais, buscando pistas de intencionalidade das crianças no uso de letras de tamanhos diferentes, nas cores e/ou no arranjo espacial dos cartazes. A Tabela 4 mostra a análise dos textos em relação ao uso dos recursos notacionais para causar efeitos em seus destinatários.

Tabela 4 – Frequência e porcentagem de textos com bom uso de recursos notacionais por situação e por turma

Professoras	Situação inicial			Situação final		
	Total de textos produzidos	Total de textos com boa utilização de recursos gráficos	Percentagem de textos com boa utilização de recursos gráficos	Total de textos produzidos	Total de textos com boa utilização de recursos gráficos	Percentagem de textos com boa utilização de recursos gráficos
Vitória	04	02	50%	06	05	83,3%
Vera	05	05	100%	05	05	100%
Roberta	05	03	60%	05	05	100%
Total	14	10	71,4%	16	15	93,8%

Fonte: autoras

A Tabela 4 mostra mais uma vez avanços significativos nas turmas das professoras Vitória e Roberta. No caso da professora Vera, as crianças já demonstravam preocupação com os recursos gráficos desde a situação inicial, de modo que mantiveram bons resultados ao final da sequência.

E) Uso de recursos para efeitos de sentido (pontuação, rimas, aliterações, metáforas, repetição de palavras)

O último critério utilizado para a análise das produções das crianças foi a observação de estratégias discursivas centradas no uso de recursos linguísticos, tais como: pontuação, rimas, aliterações, metáforas ou repetição de palavras para constituição de sentidos.

Tal tipo de critério é relevante porque, como foi proposto por Bakhtin (2000), os gêneros demandam a utilização de determinados recursos linguísticos, mobilizados por diferentes autores em função dos efeitos que provocam nas situações em que comumente tais gêneros emergem. Há, portanto, articulação entre gênero discursivo e análise linguística. No entanto, é necessário considerar que cada texto é singular e há escolhas determinadas pela especificidade da situação imediata de interação ou mesmo pelo estilo individual dos autores. Na Tabela 5, agrupamos todos os textos produzidos por alunos que lançaram mão desses recursos.

Tabela 5 – Frequência e porcentagem de textos com bom uso de recursos linguísticos para efeitos de sentido por situação e por turma

Professoras	Situação inicial			Situação final		
	Total de textos produzidos	Total de textos com boa utilização de recursos linguísticos	Percentagem de textos com boa inserção de recursos linguísticos	Total de textos produzidos	Total de textos com boa utilização de recursos linguísticos	Percentagem de textos com boa inserção de recursos linguísticos
Vitória	04	01	25%	06	05	83,3%
Vera	05	02	40%	05	03	60%
Roberta	05	00	00%	05	04	80%
Total	14	03	21,4%	16	12	75%

Fonte: autoras

Podemos observar que, em relação a este critério, também houve evolução em todos os grupos, em especial, na sala da professora Roberta.

Para ilustrar o progresso das crianças ao longo da sequência, apresentaremos abaixo alguns exemplos de cartazes produzidos na situação inicial e na conclusão da sequência didática, em cada uma das turmas.

ANTES E DEPOIS DA SEQUÊNCIA DIDÁTICA: ALGUNS EXEMPLOS DE CARTAZES EDUCATIVOS

Na situação inicial da turma da **professora Vitória,** os cartazes se assemelhavam aos cartazes didáticos que, como já indicamos anteriormente, é um gênero bastante comum na esfera escolar. Vejamos um exemplo:

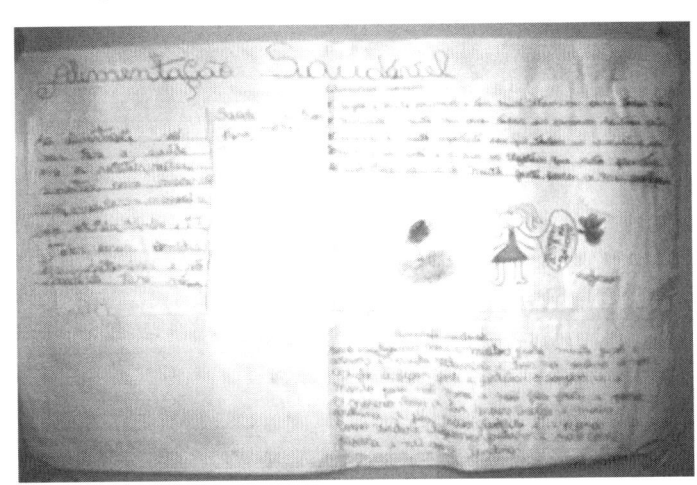

Cartaz 1 produzido na situação inicial (grupo 3 da professora Vitória)

Alimentação saudável			
As alimentações são boas para a saúde como os vegetais, raíses, sementes como macarrõe, feijão, arroz, carne, macaxera, bolo, xxxx, peixe, galinha e etc Todas essas comidas tem vitamina e são saudável para nós. FIM	Saúde é boa para nós	Alimentação saudável O feijão é muito saudável e tem muita vitamina para todos nós O macarrão é muito bom para todas as pessoas de todo o país. O xx é muito importante por quê todas as alimentações são muito importantes e iguais aos vegetais que são plantas xxxxxx são muito forte para o meu xxxxx	Alimentação saudável como .... come muitas fruta muito feijão e arrois e muita vitamina e tem na verdura e nos ajuda a ficar forte e fortalecer o sangim e é minho para não morre e não fica fraco e proteína e fica mais bonito é e para como verdura legumes frutas e não come pipica e nei come bestera

Como vemos acima, o cartaz tem um título que se repete encabeçando três pequenos textos. Não há uma frase de efeito, propriamente; e não há um apelo, mas, sim, um conjunto de informações sobre um conteúdo escolar (alimentação). Como não há um apelo a ser construído para causar efeitos nos interlocutores, as imagens são meramente ilustrativas. Nos três textos, também não são registrados recursos notacionais ou linguísticos usados como estratégias argumentativas. Em suma, as crianças não mobilizaram conhecimentos relativos ao gênero cartaz educativo, embora o cartaz tivesse adequação temática e elas demonstrassem motivação para a realização da atividade. Vejamos, abaixo, outra produção deste mesmo grupo de crianças, no final da sequência.

Cartaz 2 produzido na situação final (grupo 3 da professora Vitória)

> ATENÇÃO! NÃO COMO ALIMENTAÇÃO QUE FAZ MALA SAÚDE! DOCE E GORDURA PODE CAUSAR DOENÇAS.

Como vemos acima, as crianças demonstraram ter se apropriado de várias dimensões do gênero cartaz educativo. Há, claramente, um apelo com objetivo de convencer o interlocutor a mudar seus hábitos alimentares. Os doces e gorduras são apontados como alimentos que não fazem bem à saúde, sem, no entanto, ser construído um texto didático. Na imagem, vemos um dia ensolarado, remetendo à noção de alegria, com muitas frutas coloridas e uma menina sorrindo. Ao lado da menina que sorri, há uma garota triste, chorando, caminhando em direção a um posto de saúde. No balão, a criança diz "Eu nunca vou comer chocolate e comer bombom", dialogando, portanto, com o texto verbal. Na frase de efeito, a exclamação é usada duas vezes, para reforçar o efeito de alerta, que é também provocado pelo uso de uma expressão comum em textos que indicam situações graves ou emergenciais: "atenção". O uso do verbo no imperativo no trecho injuntivo (Não coma alimentação que faz mal à saúde!) também evidencia o cuidado das crianças na construção da frase de efeito. No trecho informativo, o verbo aparece no presente atemporal, indicando uma "verdade". Nota-se ainda uma preocupação como a organização espacial do texto. As letras na frase de efeito aparecem em destaque, grandes e vermelhas; o texto da personagem aparece em letra pequena dentro de um balão.

Analisando os dois cartazes acima, constatamos que as situações didáticas vivenciadas durante a sequência parecem ter ajudado as crianças na produção desses, atentando aos interlocutores presentes na sala de aula – professora e colegas – e interlocutores externos à escola – pessoas da comunidade tomadas como leitores dos cartazes em uma campanha educativa para uma alimentação saudável. Ocorreu, desse modo, um desdobramento do gênero (SCHNEUWLY; DOLZ, 2004), ou seja, as crianças, mesmo sabendo que estavam produzindo textos na escola e, portanto, que havia objetivos didáticos relativos à aprendizagem da leitura e da escrita, engajavam-se em uma situação com outros objetivos, mais semelhantes aos que permeiam a escrita dos cartazes de campanhas publicitárias. Obviamente, não é um texto que tem a qualidade e originalidade dos textos publicitários dos profissionais. Podemos, então, dizer que o texto é um embrião do gênero cartaz educativo, típico de uma produção infantil realizada por crianças que estão em processo de aprendizagem acerca de como lidar com a escrita nesta esfera social de interlocução.

Na turma da **professora Vera** também foi evidente o progresso das crianças nos últimos cartazes educativos produzidos, ainda que a produção inicial deste grupo já indicasse um patamar de apropriação mais avançado do que aquele encontrado na turma da professora Vitória. O exemplo abaixo ilustra o que dissemos acima.

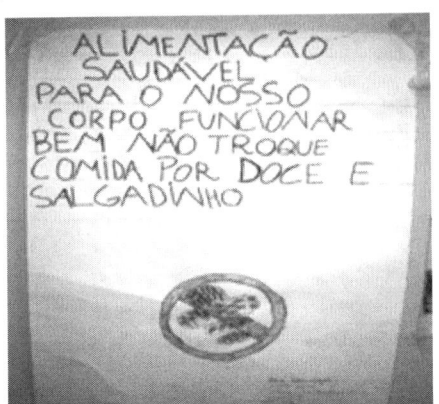

Cartaz 3 produzido na situação inicial (grupo 2 da professora Vera)

ALIMENTAÇÃO SAUDÁVEL
PARA O NOSSO CORPO FUNCIONAR
BEM NÃO TROQUE
COMIDA POR DOCE E
SALGADINHO

Como pode ser observado, o primeiro cartaz produzido já revela conhecimentos importantes sobre o gênero. Há um apelo de que, com boa alimentação, o organismo funciona melhor (Alimentação saudável para nosso corpo funcionar bem) e um trecho injuntivo informando que, para isso, é necessário selecionar alimentos (Não troque comida por doce e salgadinho). Não há nenhum recurso notacional para dividir os dois trechos, nem recursos de pontuação para delimitar as partes do discurso ou para marcar ênfase em algumas delas, de modo diferente do que aconteceu no cartaz final, que será mostrado adiante. A imagem confirma o sentido pretendido, dialogando com outros textos socialmente disponíveis: sinais de trânsito. Os doces e salgadinhos aparecem no interior de uma placa de proibição, estabelecendo, portanto, relação de intertextualidade, com utilização, inclusive, da cor vermelha, que é usada nestes sinais. Uma marca escolar da produção é o nome dos integrantes do grupo no texto, que descaracteriza o gênero, pois a autoria nos cartazes educativos não é pessoal, e, sim, institucional.

Vejamos o cartaz 4, produzido por este mesmo grupo ao final da sequência.

Cartaz 4 produzido na situação final (grupo 2 da professora Vera)

ALIMENTE-SE BEM A VIDA
VAI FICAR MAIS LONGA

O apelo colocado é que, com boa alimentação, a vida será mais longa. Fica implícito, na frase de efeito, que a alimentação é boa para a saúde. Na imagem que completa o sentido pretendido, um casal aparece feliz, ingerindo alimentos saudáveis. Desse modo, a alimentação saudável não garantiria apenas uma vida longa, mas uma vida feliz. Há preocupação de destacar a frase de feito por meio do uso de um fundo de cor azul, separando o restante do texto, em amarelo. A sensação de alegria também é causada pelo colorido do texto. Vemos que esse texto conduz o leitor a certos subentendidos e há nele uma maior exploração de recursos notacionais.

Por fim, na turma da **professora Roberta,** foi igualmente notável o avanço na produção dos cartazes educativos. No cartaz 5, abaixo, produzido na situação inicial, as crianças preocupam-se em inserir texto verbal e imagens, porém, a construção do apelo é muito incipiente e não atende completamente aos propósitos comunicativos de um cartaz educativo para convencer as pessoas a adotar uma alimentação saudável.

Cartaz 5 produzido na situação inicial (grupo 4 da professora Roberta)

A BANANA Ê BOA
PRA SAÚDE
E DÁ MUTA VITAMINA

Na frase posta no topo do cartaz 5, há referência a apenas uma fruta – a banana. Não há nenhuma pista para que o leitor generalize a informação para outros alimentos. A imagem também não contribui para construção de um apelo para uma campanha em prol de uma alimentação saudável. Nota-se que são inseridas outras frutas, acompanhadas da escrita de seus nomes, algo muito presente em tarefas escolares (desenhe e coloque o nome do desenho abaixo). Além disso, nota-se a ausência de estratégias argumentativas por meio de recursos notacionais ou de recursos como a pontuação. O cartaz 6, apresentado a seguir, produzido ao final da sequência pelo mesmo grupo de crianças, é mais rico quanto aos recursos para efeito de sentidos.

Cartaz 6 produzido na situação final (grupo 4 da professora Roberta)

UMA ALIMENTAÇÃO
SAUDÁVEL É UMA VIDA
SAUDÁVEL

O cartaz 6, como pode ser visto, amplia a temática tratada e não se atém ao aumento do consumo de bananas. O apelo – uma boa alimentação é necessária para a garantia de uma vida saudável – é construído por meio da frase de efeito (uma alimentação saudável é uma vida saudável), que recorre ao uso de repetição, por meio de um paralelismo sintático. A imagem mostra duas crianças alegres, brincando, na tentativa de mostrar que, com saúde, pode-se ter uma vida mais saudável e, portanto, mais alegre. Assim, a imagem remete à equiparação entre ser saudável e ser alegre, tal como vimos anteriormente, e associa o conceito de alegria com a possibilidade de brincar. O uso de várias cores e o largo sorriso das crianças também auxiliam na construção da sensação de alegria.

CONSIDERAÇÕES FINAIS

O relato feito neste capítulo sobre a leitura e produção de cartazes educativos revela a potencialidade do trabalho com este gênero e, mais que isso, com a argumentação com crianças no ciclo de alfabetização. A experiência ilustra, portanto, a possibilidade de situações didáticas já no início da escolarização que favoreçam o desenvolvimento da competência geral relativa à argumentação, tal como proposto pela BNCC (BRASIL, 2018, p. 9). Assim, também concordamos com Hoff ao afirmar que,

> [...] a escola incorre num anacronismo quando ignora as possibilidades de se estudar os valores éticos, estéticos e ideológicos presentes nesse tipo de mensagem (dos textos publicitários). Ignorar o impacto da mídia no comportamento das pessoas tanto no meio urbano quanto no rural significa ignorar a atualidade da sociedade brasileira (2005, p. 9).

Concluímos que o modo como as atividades foram desenvolvidas pelas professoras e o uso de textos autênticos que veiculavam certas ideias e valores sociais colaboraram, sem dúvida, para que as crianças pudessem construir sentidos, se posicionar como leitores críticos e expressar opiniões. De fato, como Hoff (2005, p. 9) igualmente salienta, "Se o texto publicitário é rico em mecanismo de persuasão e argumentação, pode a escola utilizar-se de tal riqueza para engendrar nos educandos a reflexão e o pensamento crítico" (2005, p. 9).

Ressaltamos ainda que as diferentes situações de trabalho em grupo durante o desenvolvimento da sequência didática proporcionaram momentos importantes de troca de opiniões nas atividades de elaboração de frases de efeito e na construção das imagens para os cartazes. A leitura e a análise de textos autênticos e da escrita em contextos significativos também foram elementos-chave para os avanços registrados nas três turmas do 1º ciclo do Ensino Fundamental. A análise comparativa dos cartazes educativos produzidos no início e ao final da sequência revela ainda uma evolução importante das crianças no manejo de recursos linguísticos e gráficos com vistas a convencer seus leitores. Assim, a sequência didática planejada, realmente, ampliou os conhecimentos das crianças acerca do gênero.

Tudo isso concretiza a possibilidade do ensino dos gêneros da ordem do argumentar com crianças, desde que este esteja associado a um planejamento com objetivos definidos e que as atividades de leitura e produção de textos propostas despertem seu interesse. Dessa forma, tal como é indicado na BNCC, é possível ajudar os estudantes a "Reconhecer o texto como lugar de manifestação e negociação de sentidos, valores e ideologias" (BRASIL, 2018, p. 87), algo que implica, porém, em um trabalho pedagógico que vá além da exploração de aspectos superficiais dos textos, tanto no que se refere à leitura, como em relação a sua produção.

Ao observarmos as proposições de conhecimentos e habilidades a serem contempladas nos anos 1 e 2 do Ensino Fundamental da BNCC, percebemos que não há uma indicação clara de um ensino de leitura que extrapole a decodificação e a localização de informações explicitadas no texto. Também não vemos no documento propostas de um trabalho de leitura que explore estratégias argumentativas, nem tampouco de produção de textos que estimule o desenvolvimento da argumentação. Na BNCC há apenas uma listagem de objetivos de aprendizagem gerais dos anos 1 a 5 e uma breve referência à necessidade de ensinar os estudantes a elaborar inferências, tal como vemos no trecho transcrito abaixo:

> (EF15LP02) Estabelecer expectativas em relação ao texto que vai ler (pressuposições antecipadoras dos sentidos, da forma e da função social do texto), apoiando-se em seus conhecimentos prévios sobre as condições de produção e recepção desse texto, o gênero, o suporte e o universo temático, bem como sobre saliências textuais, recursos gráficos, imagens, dados da própria obra (índice, prefácio etc.), *confirmando antecipações e inferências realizadas antes e durante a leitura de textos, checando a adequação das hipóteses realizadas.*

Além disso, nas listagens específicas dos anos 1 e 2, nota-se que esse objetivo geral não é retomado e no que se refere à produção de textos, há somente uma recomendação genérica para um de trabalho com gêneros da ordem do argumentar nesta etapa de escolarização. Vejamos:

> (EF12LP12) Escrever, em colaboração com os colegas e com a ajuda do professor, *slogans*, anúncios publicitários e textos de campanhas de conscientização destinados ao público infantil, dentre outros gêneros do campo publicitário, considerando a situação comunicativa e o tema/ assunto/finalidade do texto (BRASIL, p. 113).

Como mencionamos na introdução, as ressalvas expostas quanto aos objetivos de aprendizagem indicados na BNCC nas páginas relativas aos anos 1 e 2 do Ensino Fundamental evidenciam um descompasso entre o que está proposto nas competências gerais e o que se aponta como objetivos específicos. Tal inconsistência parece revelar uma concepção que desconsidera a importância do trabalho com argumentação no processo de alfabetização.

Na contramão dessa concepção, ilustramos aqui a viabilidade, a potencialidade e a importância de favorecer o desenvolvimento da argumentação desde os primeiros anos, de modo problematizador e reflexivo, aproximando a escola das práticas vivenciadas em outras esferas de interação.

REFERÊNCIAS

ANDRADE, R. M. B. L.; SEAL, A. G. S.; LEAL, T. F. Revisão textual e ensino de análise linguística nos anos iniciais do ensino fundamental. *In*: SILVA. A.; PESSOA, A. C.; LIMA, A. **Ensino de Gramática: reflexões sobre a língua portuguesa na escola**.1. ed. Belo Horizonte: Autêntica, 2012, v.1, p. 67-90.

ANDRIESSEN, J. *et al*. Thematic and structural planning in constrained argumentative text production. *In*: VAN DEN BERGH, H.; RIJLAARSDAM, G. **Theories, models and methodology in writing research**. Amsterdam: Amsterdam University Press, p. 237-251, 1996.

BAKHTIN, M. **Estética da criação verbal**. 3. ed. (1. ed. 1992). São Paulo: Martins Fontes, 2000.

BARTHES, R. Rhétorique de l'image. Communications 4. *In:* VESTERGAARD, T.; SCHRODER, K. **A linguagem da propaganda**. São Paulo: Martins Fontes, 1966.

BRASIL. Ministério da Educação. **Base Nacional Comum Curricular**: educação é a base, Brasília. 2018.

DE BERNARD, B.; ANTOLINI, E. Structural differences in the production of written arguments. **Argumentation**, 10, n. 2, p. 175-196, 1996.

DIAS, P. Da e-moderação à mediação colaborativa nas comunidades de aprendizagem. In **Educação, Formação & Tecnologias**; vol.1(1); pp. 4-10, 2008. Disponível em http://eft.educom.pt (acesso em 08/10/2020)

DOLZ, J.; SCHNEUWLY, B.; HALLER, S. O oral como texto: como construir um objeto de ensino. *In:* SCHNEUWLY, B.; DOLZ, J. **Gêneros orais e escritos na escola**. Tradução Glaís Sales Cordeiro e Roxane Rojo. Campinas: Mercado de Letras, 2004.

FERRONATO, C.; FERRONATO, V. L. de A. Recursos argumentativos na publicidade. **Tuiuti: Ciência e Cultura**, n. 23. Curitiba, 2001. 183-198.

GONZALES, L. **Linguagem publicitária: análise e produção**. São Paulo: Arte e Ciência Editora, 2003, 150 p.

HOFF, T. M. C. O texto publicitário como suporte pedagógico para a construção de um sujeito crítico. **Anais do XXVIII Congresso Brasileiro de Ciências da Comunicação**. Rio de janeiro: UERJ, 2005, 1-10.

LEAL, T. F.; BRANDÃO, A. C. P.; SILVA, L. N. Tensões sobre o ensino da língua portuguesa: interfaces entre gênero e análise linguística. **Educação & Pesquisa**, São Paulo, v. 42, n. 2, p. 427-442, abr./jun. 2016.

LEAL, T. F.; MORAIS, A. G. **Argumentação: a criança e a escola**. Belo Horizonte: Autêntica, 2006.

MARCHAND, E. **Le développement des competences textuelles et argumentatives de 11 a 17 ans**. Memoire de Recherche de D.E.A., Université de Poitiers, Laboratoire de Langage et Communication, 1993.

SANDMANN, A. J. M. **A linguagem da propaganda**. São Paulo: Contexto, 1993.

SCHNEUWLY, B. Genres et types de discours: Considérations psychologiques et ontogénétiques. *In*: Yves Reuter (org.). **Les Interactions Lecture-Écriture** (Actes du Colloque Théodile-Crel), p. 155-174. Bern: Peter Lang SA, Suisse, 1998.

SCHNEUWLY, B.; DOLZ, J. **Gêneros orais e escritos na escola**. Tradução Glaís Sales Cordeiro e Roxane Rojo. Campinas: Mercado de Letras, 2004.

VAN EEMEREN, F. H.; GROOTENDORST, R.; JACKSON, S.; JACOBS, S. Argumentation. *In*: T. van Dijk, **Discourse as Structure and Process – Discourse Studies: A Multidisciplinary Introduction** – Vol. 1. London: SAGE Publications, 1997.

VASCONCELOS, S. B. A. **O desenvolvimento de habilidades argumentativas na escrita infantil**. Dissertação (Mestrado) – Pós-graduação em Psicologia. Recife: UFPE, 1998.

VYGOTSKY, L. S. **Pensamento e Linguagem**. São Paulo: Martins Fontes, 1998.

CAPÍTULO 4

ENSINO DE LEITURA PARA AS CRIANÇAS DOS 1º E 2º ANOS: O QUE PROPÕEM A BNCC?

Clecio Bunzen (UFPE-CE)

> *[...] não há um dia mágico em que passamos de aprendizes de leitura a leitores.*
> (SOUSA, 1989, p. 50)

CONTEXTUALIZANDO A PROBLEMÁTICA

No cenário [inter]nacional, o ensino formal e escolar da leitura nos anos iniciais tem demandado diversas discussões e polêmicas. No contexto brasileiro, as reflexões, em torno do Plano Nacional de Alfabetização (PNA, 2019) e da Base Nacional Comum Curricular (BNCC, 2018) sobre *o quê* e *como* ensinar, constituem bons e atuais exemplos de tal complexidade. De fato, como bem dizem Goigoux e Cèbe (2006) e Fayol (2014), a entrada das crianças, em tal etapa do processo de escolarização formal, indica um trabalho pedagógico intenso. Diversas atividades didáticas em torno da leitura são esperadas e tornam-se quase obrigatórias. Além disso, se as crianças não desenvolvem o gosto pela leitura literária ou não compreendem palavras, frases ou textos escritos, emergem vários discursos sobre uma possível "crise" ou "dificuldades" em torno da aprendizagem escolar da leitura.

As crianças e os jovens do século XXI são controlados/monitorados por um ensino de leitura de forte inspiração cognitiva em que um certo "currículo por competências" anda de mãos dadas com um "currículo do controle" por meio de exames de leitura em larga escola de dimensões *transnacionais* (PIRLS, PISA), *nacionais* (ANA, Prova Brasil, SAEB), *estaduais/municipais* (SAEPE, SARESP, etc.)[1]. A atividade individual de ler fragmentos de textos diversos silenciosamente e compreendê-los transformou-se em um **saber fazer poderoso**, o qual valida e certifica um processo de escolarização "eficaz" em detrimento de outros saberes e de conhecimentos possíveis.

Em tal conjuntura, algumas habilidades de compreensão leitora (e não outras!) devem ser ensinadas e avaliadas como um fator de desenvolvimento do processo educativo escolar como um todo. Em alguns exames de larga escala, o foco na avaliação da leitura para crianças se dá em torno de **leitura de palavras e na compreensão de textos** (cf. LEAL; MORAIS; PESSOA; NASCIMENTO, 2017) ou na **fluência e precisão da leitura**. Assim, algumas habilidades como "realizar uma inferência local ou global" ou "localizar uma informação explícita no texto" são escolhidas para que as redes de ensino (federal, estaduais ou municipais) tracem "perfis leitores" das crianças em determinadas escolas e anos de escolaridade.

Sem entrar aqui em detalhes sobre a concepção *restrita* e *limitada* de leitura que acompanha geralmente tais situações de "testes padronizados" (cf. KLEIMAN, 2003; SOARES, 2008; LEAL; MORAIS; PESSOA; NASCIMENTO, 2017), sabemos que algumas redes de educação (e suas equipes) têm investido, nos últimos dez anos, na **compra** ou **produção** de materiais didáticos alternativos[2], que objetivam muitas vezes treinar para testes e não apresentam propostas adequadas para o ensino da leitura (cf. ADRIÃO, 2009; CHIMELLO; BUNZEN, 2011; SILVA, 2014). Por outro lado, existem propostas locais que fortalecem a formação das

---

[1] As siglas citadas no artigo equivalem aos seguintes exames: PIRLS (*The Progress in International Reading Literacy Study*) PISA (*Progress for International Student Assessment*), ANA (*Avaliação Nacional da Alfabetização*), SAEB (Sistema Nacional de Avaliação da Educação Básica), SAEPE (Sistema de Avaliação Educacional de Pernambuco), SARESP (Sistema de Avaliação de Rendimento Escolar do Estado de São Paulo).

[2] Em municípios da Região Metropolitana do Recife (PE), por exemplo, é bastante comum vermos o uso do material *Educar pra valer* da Fundação Lemann. Ver maiores informações sobre a amplitude do programa em vários municípios brasileiros em https://fundacaolemann.org.br/noticias/educar-pra-valer-apoio-para-mais-municipios-em-2019.

professoras alfabetizadoras e o ensino de leitura por meio de materiais didáticos e orientações mais adequadas (cf. CASSIANO; ARAÚJO, 2017; PENHA *et alli.*, 2018).

Para que as escolas consigam determinadas metas, as redes estabelecem ainda cursos de formação e assessorias com editoras, fundações, faculdades e universidades no intuito de garantir determinados resultados de forma mais rápida. No entanto, ainda verificamos poucos investimentos em políticas públicas que provoquem, de fato, mudanças significativas, pois tais ações implicariam em um (re)pensar sobre:

i. as condições de trabalho da professora e sua formação humanística;

ii. a formação leitora das crianças em uma perspectiva mais ampla;

iii. os espaços culturais da leitura na escola e nas comunidades;

iv. as práticas de letramento (des)valorizadas pelas comunidades;

v. a compreensão leitora nas diferentes áreas do conhecimento e mundos do letramento, entre tantos outros aspectos[3].

Por isso, com razão, Freitas (2018) critica o fato de que o que as redes consideram como "boa aprendizagem" não passa muitas vezes de uma "coleção de habilidades e competências em disciplinas básicas" (usualmente *Português* e *Matemática*). A qualidade da aprendizagem é medida, então, pelas "médias de desempenho dos estudantes de uma escola: se ela sobe, há qualidade; se caí, não há" (FREITAS, 2018, p. 79). Ou seja, os testes padronizados definem *o que* pode ser medido[4] e como será tal verificação.

---

3   Na nossa opinião, algumas políticas públicas que apontavam para uma direção mais ampla da formação leitora e contemplava alguns desses itens foram canceladas nos últimos anos, tais como o PNAIC (Pacto Nacional da Idade Certa) e o PNBE (Programa Nacional da Biblioteca Escolar).

4   No caderno de explicação do material do *Educar pra valer*, por exemplo, encontramos indicações de 04 "estratégias de leitura" que devem ser enfatizadas nas atividades preparatórias para os testes: localizar informações, identificar tema, realizar inferência, identificar gênero, função e destinatário de um texto. Então, vemos aqui claramente como o trabalho com leitura, extremamente complexo (cf. MARCUSCHI, 2008; LEAL; BRANDÃO; BONIFÁCIO, 2017), é reduzido, na esfera escolar, a quatro habilidades de compreensão leitora.

E a **leitura escolar**, muito mais do que a produção textual, é escolhida internacionalmente um dos saberes essenciais. Os resultados cognitivos dos testes de leitura são divulgados e discutidos pela mídia, por relatórios governamentais e por programas de políticas públicas no campo da alfabetização[5]. Além disso, servem muitas vezes para justificar a implementação de reformas curriculares e de programas escolares.

Por tais razões, o discurso pedagógico do Estado-Pedagogo é o de que os estados e municípios precisam se "alinhar à proposta" da Base Nacional Comum Curricular (BRASIL, 2018) para que os estudantes possam conseguir "desenvolver as competências e habilidades essenciais" no âmbito da leitura. As professoras e os professores são chamados a ter conhecimento da BNCC e estabelecer pontes entre esse documento e cotidiano escolar, em diálogo fortemente com as avaliações externas e com os novos livros didáticos do PNLD (avaliados e credenciados desde 2018 conforme a BNCC). Diversas empresas privadas, editoras e fundações iniciam também um processo de produção de planos de aulas, materiais de apoio e cursos de formação de professores, relacionando o que diz a BNCC e o que deve ser feito nas escolas[6]. E, mais recentemente, no final de 2019, o Conselho Nacional de Educação propõe novas diretrizes curriculares para as licenciaturas com base nos conteúdos e habilidades expressos na atual BNCC, compreendida como um **documento curricular nacional**[7] que prescreve, legitima e regulariza possíveis conteúdos e habilidades de leitura em todo o território nacional.

---

5   No recente documento sobre uma Política Nacional de Alfabetização (PNA), o texto já inicia com resultados da ANA de 2016, sem contextualizar os resultados ou questionar os próprios instrumentos dos testes: "54,73% de mais de 2 milhões de alunos concluintes do 3º ano do ensino fundamental apresentaram desempenho insuficiente no exame de proficiência em leitura. Desse total, cerca de 450 mil alunos foram classificados no nível 1 da escala de proficiência, o que significa que são incapazes de localizar informação explícita em textos simples de até cinco linhas e de identificar a finalidade de textos como convites, cartazes, receitas e bilhetes" (BRASIL, 2019, p. 10).

6   No *site* novaescola.org.br, por exemplo, encontramos vários planos de aula para o ciclo de alfabetização com descrições e um item chamado "alinhado à BNCC", com os itens específicos os quais indicam habilidades e competências. Ver, por exemplo, https://novaescola.org.br/plano-de-aula/busca?disciplina=L%C3%Adngua%20Portuguesa#.

7   Nos apoiamos aqui em Prado (1999, p. 16) ao definir documento curricular do Estado-Pedagogo como: "todos os textos que são indexados enquanto uma orientação de ensino proposta por Municípios, Estados e Federação, ou seja, mesmo que sejam textos elaborados por sujeitos, sua autoria configura-se como nome de um Estado".

No intuito de compreender melhor tais aspectos, o presente artigo objetiva discutir o que está sendo proposto pelo documento curricular nacional para o ensino da leitura nos dois primeiros anos do ensino fundamental. Em um primeiro momento, discutiremos sobre reformas curriculares e o ensino de leitura no intuito de contextualizar a emergência e o discurso pedagógico oficial da última versão da Base Nacional Comum Curricular para os anos iniciais. Em seguida, analisaremos com mais detalhes as propostas para ensino de leitura, levando em consideração a concepção de leitura e os objetos de ensino selecionados para cada ano ou para o ciclo de alfabetização. Tal discussão torna-se importante, uma vez que as propostas curriculares municipais, estaduais e a dos cursos de Pedagogia precisarão *recontextualizar*, no sentido de Bernstein (1990), esse discurso pedagógico oficial, curricular, nacional e regulador.

REFORMAS E PROPOSTAS CURRICULARES PARA O ENSINO DA LEITURA NO CICLO DE ALFABETIZAÇÃO

Ao levarmos em consideração aqui a complexa relação entre o *discurso pedagógico oficial* e as *práticas de sala de aula* (cf. DIONÍSIO *et alli.*, 2005), salientamos que uma análise dos documentos curriculares, de fato, não nos permite compreender o que *efetivamente* se ensina no ciclo de alfabetização nas diversas salas de aula das escolas brasileiras. Por outro lado, acreditamos que a análise de tais textos reguladores podem nos auxiliar a compreender quais discursos sobre o ensino da leitura e sua pedagogia são explicitados para "orientar" diferentes redes de ensino (públicas e privadas)[8].

No âmbito do currículo prescrito ou do "currículo formal" (cf. MARINHO, 2007), nos interessa primeiramente explicitar e discutir

---

8   Em alguns casos, como o da cidade de São Paulo, por exemplo, tais prescrições serviram de base, inclusive, para a construção de materiais didáticos alternativos para o ciclo de alfabetização. Em outros, várias formações ou ações estão sendo realizadas no intuito de uma maior compreensão ou apropriação dos princípios, conteúdos e habilidades, entre outros aspectos da reforma proposta para toda uma nação, com diversos estados e municípios com propostas pedagógicas e logística financeira bastante diferenciadas. Enquanto algumas redes investem 18 mil por estudante, outras investem menos de 3.600 reais, conforme *Anuário da Educação Básica 2019*, disponibilizado em: https://www.todospelaeducacao.org.br/_uploads/_posts/302.pdf.

que, nos últimos trinta anos, alguns conhecimentos e saberes sobre o ensino da leitura são prescritos de forma mais explícita em propostas curriculares escritas estaduais e municipais. O que se diz explícita e implicitamente em tais propostas sobre a leitura? Ou, como bem nos indagava Marinho (2007, p. 167), "o que se pretende quando se diz que o ensino deve ser isto ou aquilo? Quem, como e por que se constituem determinados discursos e práticas pedagógicas?". Em alguns casos, tais prescrições podem ser polêmicas e/ou se afastarem bastante das práticas de sala de aula e da realidade escolar da maioria das escolas públicas brasileiras.

Uma análise realizada por Carvalho *et alli.* (1995), de diferentes propostas curriculares estaduais e municipais de Língua Portuguesa produzidas entre os anos 80 e 90, já demonstrava que a LEITURA era uma das unidades de ensino importantes para a aula de língua materna. Ao lado da produção textual, a leitura assumia um destaque ao tomar "o texto, como unidade de sentido privilegiada no processo de interação" (p. 24). Assim, podemos afirmar que, do ponto de vista dos vários programas oficiais analisados pelos investigadores, a LEITURA é vista como um "ato de produção de sentido, que se dá através da interação do leitor com o texto" (CARVALHO *et alli.*, 1995, p. 26). Assim, afastam-se de um discurso da leitura como "decodificação" ou apenas centrada em unidades menores de análise, tais como "frases" ou "palavras".

Apesar de algumas contradições teórico-metodológicas e recontextualizações inadequadas nos documentos analisados, a análise indicou que a concepção de leitura que predominava nas prescrições dos anos 80 e 90 envolvia a **produção de sentido** e a **interação** entre textos e leitores. No entanto, os documentos permaneciam com uma concepção do verbo "ler" como homogêneo em todas as situações e "intransitivo" (SOARES, 2008), ou seja, não havia distinção de gêneros ou de situações interativas mais específicas. Em algumas propostas, indicava-se um trabalho de leitura com *textos mais curtos* e *textos mais longos*, sem um detalhamento ou indicação explícita de gêneros ou tipos textuais. Se já se percebia uma certa valorização da **diversidade textual** nas prescrições, existiam várias fragilidades nas representações dos leitores infantis, bem como nos agrupamentos e tipologias propostos para o trabalho escolar (cf. CARVALHO *et alli.*, 1995).

No final do século XX, os PCNs de LP (BRASIL, 1997) representaram uma certa "síntese" das propostas curriculares estaduais, com indicações específicas para o ensino de leitura no ciclo de alfabetização. Os PCNs assumiram durante quase duas décadas um papel de um texto curricular programático mais propositivo do que centralizador. Desta forma, encontramos algumas definições do que as crianças e os jovens deveriam saber em cada ciclo de escolaridade. Além disso, os PCNs prescreviam objetivos, objetos de ensino, reflexões metodológicas e avaliativas para sala de aula. E o discurso oficial pedagógico valorizava princípios construtivistas e sociointeracionistas, os quais emergem com força no Brasil entre os anos 80 e 90. Uma marca histórica dos PCNs é a sua defesa por trabalhar a leitura em torno de textos diversificados, com maior destaque agora para um discurso oficial que envolveu necessariamente a exploração didática dos **gêneros como objetos de ensino**.

Discussões sobre a *diversidade textual*, o texto como *unidade de ensino*, a *qualidade dos textos* no trabalho escolar e a *especificidade do texto literário* indiciam um discurso sociointeracionista o qual tem potencial de impulsionar ou "detonar" uma série de ações pedagógicas e um tratamento textual-discursivo dos textos no ensino da leitura. Ao lado de uma "pedagogia sociológica", a qual reflete criticamente sobre o papel da escola na sociedade e da formação de leitores, os PCNs procuravam inovar propondo parâmetros para uma reforma curricular com base em novos paradigmas no campo das ciências da linguagem[9] (cf. FERREIRA, 2001).

Para selecionar os conteúdos a serem ensinados, a leitura passou ser integrada aos processos de **compreensão**, juntamente com a escuta de textos orais/oralizados. LER é compreendido, assim, como uma das **habilidades linguísticas** que devem ser ensinadas de forma organizada em torno de dois eixos básicos: "o **uso** da língua oral e escrita" (EIXO

---

[9] Destacamos aqui o fato de os PCNs reconhecerem explicitamente que diferentes áreas que podem ajudar no trabalho com a leitura na escola, tais como a Psicolinguística, a Psicologia Cultural, a Análise do Discurso, etc.

1) e "**reflexão** sobre a língua" (EIXO 2). O discurso pedagógico oficial acreditava, então, que as professoras alfabetizadoras deveriam escolher textos e gêneros que são usados nas diversas situações de interação social (uma notícia ou uma carta do leitor, por exemplo) e escolher vários fenômenos linguísticos para refletir sobre a língua (o uso dos pronomes no processo de referenciação, por exemplo ou o uso de advérbios e expressões que marcam a noção de tempo nas narrativas, etc.). Ao refletirem sobre tais usos, as crianças poderiam ter uma maior consciência sobre determinados usos linguísticos e utilizariam a linguagem de forma diferente em suas produções futuras na escola e fora dela. Ou seja, assumia-se explicitamente que as propostas de leitura e escuta de textos escritos se pautam pela "compreensão ativa e não a decodificação e o silêncio" (BRASIL, 1997, p. 26).

Ao enfatizar uma organização por "Práticas de leitura", os PCNs relacionavam diretamente uma concepção muito mais sociológica e antropológica para as **práticas sociais** em que o texto escrito assume um papel central. Discute-se, inclusive, a inter-relação entre a leitura e a produção textual. Por isso, a concepção de leitura é mais ampla e envolve tantos **fatores sociocognitivos** (conhecimentos prévios, conhecimentos metagenéricos, conhecimentos intertextuais) quanto **socioculturais** (construção de significados, sentidos, elementos discursivos), tais como podemos perceber nos exemplos a seguir:

> 1. "A leitura é um processo no qual o leitor realiza um trabalho ativo de construção do significado do texto, a partir dos seus objetivos, do seu conhecimento sobre o assunto, sobre o autor, de tudo o que sabe sobre a língua: características do gênero, do portador, do sistema de escrita, etc. Não se trata simplesmente de extrair informação da escrita, decodificando-a letra por letra, palavra por palavra" (BRASIL, 1997, p. 41).

> 2. "Formar um leitor competente supõe formar alguém que compreenda o que lê; que possa aprender a ler também o que não está escrito, identificando elementos implícitos; que estabeleça relações entre o texto que lê e outros textos já lidos; que saiba que vários sentidos podem ser atribuídos a um texto; que

consiga justificar e validar a sua leitura a partir da localização de elementos discursivos" (BRASIL, 1997, p. 41).

Assumir tais discursos sobre o ensino da leitura, implicou também discutir o ensino de leitura centrado na "decodificação" nos anos iniciais. O documento mostrou-se contrário a um ensino mecânico, defendendo o discurso do "aprender a ler, lendo" ou a promoção de uma "prática ampla de leitura". Em tal *comunidade de leitores* (DIONÍSIO, 2000), haveria o ensino dos conhecimentos do sistema alfabético e das suas relações grafofônicas, etc. As aulas dos anos iniciais precisariam oferecer textos autênticos e diversos, afastando-se dos materiais que são feitos exclusivamente para ler, como os textos cartilhescos e frases prontas para uso escolar.

No processo de alfabetização, por exemplo, sugeria-se o trabalho com gêneros como *quadrinhas*, *parlendas* e *canções*. Tais escolhas pela literatura oral e popular tinham o objetivo de fazer as alfabetizadoras relacionar as aprendizagens da leitura com os conhecimentos prévios das crianças e até a própria memorização de alguns elementos. Outra sugestão era o trabalho com embalagens comerciais, anúncios e folhetos de propaganda. Neste caso, as crianças poderiam se apoiar nos elementos visuais para construir determinados sentidos e levantar hipóteses sobre o que está escrito. Em suma: acreditava-se e orientava-se para um trabalho de reconstrução de sentidos por meio da diversidade de linguagens, de textos e gêneros adequados e planejados nas mais diversas formas de organização do trabalho pedagógico (leitura diária, leitura colaborativa, projetos de leitura, etc).

Outros documentos estaduais e municipais, produzidos após a publicação e discussão dos PCNs (BRASIL, 1997), parecem legitimar tais concepções sobre como trabalhar com a leitura na escola. Ao analisar 16 documentos curriculares, produzidos ou reformu¹·dos pós-PCN, Leal, Brandão e Bonifácio (2017) informam que existem recomendações em grande parte dos documentos sobre "o estímulo à leitura para formação de leitores, a diversificação dos materiais de leitura e a diversificação das finalidades para leitura" (p. 7). A **dimensão afetiva e estética**, que destaca o "gosto pela leitura" e se afasta da lógica das avaliações externas e dos testes padronizados, estaria presente em **81,25%** dos documentos analisados. Por outro lado, conforme as investigadoras, o papel do texto literário ainda não recebia um tratamento de destaque, sendo tratado na lógica mais ampla da leitura extensiva e da diversidade textual.

Apesar de algumas diferenças, parece-me possível afirmar, pela análise de conteúdo realizada pelas autoras, que o discurso hegemônico oficial dos estados e dos municípios é de que a escola poderia e teria condições, pelo menos do ponto de vista epistemológico, de compreender a leitura em uma "perspectiva␣sociointerativa" (LEAL; BRANDÃO; BONIFÁCIO, 2017). As reflexões propostas sugerem que vários documentos curriculares incorporaram propostas de diversos campos do conhecimento e indicavam para as professoras alfabetizadoras refletirem sobre: as finalidades da leitura, os suportes textuais, os contextos de produção, os destinatários.

Os dados da pesquisa dialogam também com outro estudo das autoras (cf. LEAL; BRANDÃO, 2012[10]) os quais revelam que 62,5% dos documentos curriculares analisados acreditavam que é possível realizar um trabalho na escola com estratégias de leitura diferenciadas. Em contrapartida, "os comentários são generalistas, sem delimitação das habilidades ou discussão que garanta a defesa da relevância de tais orientações" (p. 18). Essa visão de leitura de base sociocognitiva continua sendo central nos documentos curriculares, assim como no processo de avaliação dos livros didáticos e de forma bastante reduzida e limitada nas avaliações de larga escala.

Podemos, então, afirmar que o discurso pedagógico dos documentos curriculares dos últimos trinta anos parece se ancorar em uma forte crítica aos **modelos de leitura ascendente** (*bottom up*), bastante comum na prática de sala de aula das escolas brasileiras. No intuito de alterar e "renovar" tais práticas históricas do processo de escolarização em massa e simultâneo, o discurso da mudança se faz por meio da legitimação de um novo discurso para o ensino da leitura. A perspectiva psicolinguística

---

10   Ao analisar 26 documentos curriculares, as autoras percebem que 73,07% apontavam para determinadas estratégias que deveriam ser trabalhadas nas atividades de leitura.

aparece nos anos 80 com uma possibilidade de um trabalho pela **perspectiva descendente**, em que o leitor é mais ativo e possuí um conjunto de conhecimentos que mobiliza no ato de ler (cf. FRANCO, 2011). Ressalta-se aqui fortemente o **componente cognitivo** de ensino e aprendizagem e uma certa **perspectiva pragmática ou interacionista de leitura** a qual defende uma pedagogia da leitura centrada na interação texto-leitor. Em certo sentido, como bem destaca Coracini (2005), ainda prevalece implicitamente em tais perspectivas uma "concepção de sujeito racional ou psicologizante-centrado". Talvez seja tal concepção racional e lógica que sustente o forte discurso do próprio Estado-Pedagogo em avaliar, medir, premiar e criar metas numéricas para classificar os sujeitos em níveis/escala de leitura, desconsiderando aspectos da mediação, do afeto, da construção coletiva do conhecimento e do uso dos textos escritos em práticas de letramento situadas (cf. KLEIMAN, 2003).

No intuito de analisar outro documento curricular contemporâneo para perceber possíveis continuidades e descontinuidades com o discurso pedagógico oficial de leitura, além das relações interdiscursivas entre eles, analisaremos nas próximas seções a Base Nacional Comum Curricular (BRASIL, 2018), compreendida aqui como um arquitexto curricular, propulsor de possíveis reformas curriculares estaduais e municipais no Brasil. Além disso, a BNCC tem impactado fortemente os critérios de avaliação dos livros didáticos recentes de alfabetização e, ao mesmo tempo, entrado em conflito com algumas propostas do próprio Ministério da Educação, como as ações da Política Nacional de Alfabetização (PNA, 2019)[11].

O ENSINO DE LEITURA NA BNCC NO CICLO DE ALFABETIZAÇÃO: CONCEPÇÕES E OBJETOS/OBJETIVOS DE ENSINO

Antes de focalizarmos com mais detalhe as discussões no ciclo de alfabetização, vale destacar que o discurso oficial sobre o trabalho com leitura inicia-se na parte destinada à Educação Infantil, especificamente

---

11   Para uma visão geral de tais conflitos, sugiro a leitura dos artigos que compõem o *Dossiê Política Nacional de Alfabetização em foco: olhares de professores e pesquisadores*, publicado na Revista Brasileira de Alfabetização (volume 10, 2019).

no campo de experiências: "escuta, fala, pensamento e imaginação". Há alguns **objetivos de aprendizagem** que destacam práticas específicas de leitura pelos bebês e pelas crianças, tais como "manusear diferentes portadores textuais" (EI02EF07) ou "levantar hipóteses sobre gêneros textuais veiculados em portadores conhecidos, recorrendo a estratégias de observação gráfica e/ou de leitura" (EI03EF07). Observamos também indicações as quais prescrevem leitura em voz alta com textos poéticos e narrativas literárias ilustradas, assim como com receitas, quadrinhos, anúncios, cardápios, notícias, etc.

Apesar de o foco ser mais no adulto como mediador dos textos verbo-visuais, é possível notar, em algumas passagens da BNCC, que as crianças pequenas são também reconhecidas como leitoras. Um dos objetivos indicados, por exemplo, implica "selecionar livros e textos de gêneros conhecidos para a leitura de um adulto e/ou para sua própria leitura (partindo de seu repertório sobre esses textos, como a recuperação pela memória, pela leitura das ilustrações etc.)" (EI03EF08).

Como mostramos na seção anterior, há uma certa continuidade do discurso oficial hegemônico dos documentos oficiais do final do século XX e início do XXI, com destaque para um ensino de leitura que se volta para o (re)conhecimento de diferentes gêneros e manuseamento de portadores textuais, alinhando-se com as pedagogias que valorizam a *leitura extensiva* (CHARTIER; HÉBRARD, 1995) e a diversidade de textos e gêneros na escola. Além disso, aparece fortemente um **discurso funcionalista em que a leitura precisa ter uma função prática**, isto é, as crianças leitoras devem demonstrar para que servem os textos e gêneros lidos para elas, "reconhecendo" e/ou "vivenciando" pelo menos duas grandes funções: a *estética* (leitura como prazer) e a *enciclopédica* (leitura como informação). No entanto, é importante salientar que tais funções para o ato de ler são prescritas ainda pela lógica do adulto, representante aqui do próprio Estado-Pedagogo. Seria importante percebermos que as crianças podem (e devem) indicar outras formas e funções de se relacionar com a leitura, aproximando-se ou distanciando-se dos dois modelos escolares de leitura que são retomados na BNCC: o **literário** e o **enciclopédico**.

Para os Anos Iniciais (1º a 5º anos) e os Anos Finais (6º a 9º anos), o documento curricular retoma alguns princípios didáticos já indicados nos PCNs:

i. o *texto* é novamente tomado como "unidade de trabalho" em atividades de leitura, destacando-se agora textos de várias mídias e semioses;

ii. os gêneros discursivos de diferentes "campos" devem favorecer o desenvolvimento de capacidades de leitura.

Ao mesmo tempo, o conceito de leitura se "desloca" das práticas de letramento centradas do texto escrito e impresso-canônico na cultura escolar e no processo de alfabetização escolar, para as práticas que envolvem **a leitura do texto verbo-visual ou do visual (estático e/ou em movimento).** A leitura passa também, como encontramos em outros documentos curriculares estaduais e municipais pós-PCN, a ser compreendida como um **EIXO** de ensino[12], como podemos ler no seguinte excerto:

> O **Eixo Leitura** compreende as práticas de linguagem que decorrem da interação ativa do leitor/ouvinte/espectador com os textos escritos, orais e multissemióticos e de sua interpretação, sendo exemplos as leituras para: fruição estética de textos e obras literárias; pesquisa e embasamento de trabalhos escolares e acadêmicos; realização de procedimentos; conhecimento, discussão e debate sobre temas sociais relevantes; sustentar a reivindicação de algo no contexto de atuação da vida pública; ter mais conhecimentos que permita o desenvolvimento de projetos pessoais, dentro outras possibilidades (BRASIL, 2018, p. 71).

---

12 O surgimento do conceito de "eixo" e o seu uso em documentos curriculares precisam a nosso ver de mais pesquisas. No entanto, gostaríamos de salientar que os PCNs (BRASIL, 1997) não tratavam a "leitura" como um "eixo", mas sim como uma "prática" que poderia se desenvolver ancorada em um movimento cíclico entre dois eixos principais: *USO* (EIXO 1) «--» *REFLEXÃO* (EIXO 2).

Frisamos aqui a concepção ampla de leitura da BNCC a qual envolve "textos escritos, orais e multissemióticos". Por isso, o sujeito aprendente é categorizado em três grandes papéis sociais: **leitor** (aquele que lê obras literárias, enciclopédias, etc.), **ouvinte** (aquele que compreende telejornais, documentários, debates orais) e **espectador** (aquele que assiste a filmes, curtas, jogos eletrônicos, gameplays, shows, etc.). Tal definição do **EIXO LEITURA** implicou a explicitação de **07 dimensões** inter-relacionadas, a saber:

(D1) Reconstrução e reflexão sobre as condições de produção e recepção dos textos pertencentes a diferentes gêneros e que circulam nas diferentes mídias e esferas/campos de atividade humana;
(D2) Dialogia e relação entre textos;
(D3) Reconstrução da textualidade, recuperação e análise da organização textual, da progressão temática e estabelecimento de relações entre as partes do texto;
(D4) Reflexão crítica sobre as temáticas tratadas e validade das informações;
(D5) Compreensão dos efeitos de sentido provocados pelos usos de recursos linguísticos e multissemióticos em textos pertencentes a gêneros diversos;
(D6) Estratégias e procedimentos de leitura;
(D7) Adesão às práticas de leitura.

Uma análise das sete dimensões demonstra que a BNCC constrói o discurso oficial para o ensino da leitura em torno da diversidade de textos e gêneros, utilizando termos correntes no discurso pedagógico brasileiro que ora aponta para uma **perspectiva discursiva de leitura** de inspiração bakhtiniana ("condições de produção e recepção dos textos" [D1], "dialogia entre textos" [D2], "reflexão crítica sobre as temáticas tratadas" [D4]), sem perder de vista uma **perspectiva interativa (texto-leitor) de base cognitiva** ("estratégias e procedimentos de leitura", "textualidade", "organização textual"). Não há grandes rupturas em relação aos documentos curriculares e boa parte de obras científicas e de formação de professores em circulação no país, apesar de trazer fortemente um apelo para a escolarização das mídias e dos gêneros que circulam em plataformas digitais. A grande questão que se coloca aqui é como tais discursos sobre a leitura aparecem quando o documento trata especificamente do trabalho pedagógico com as turmas de 1º e 2º anos. Será que as sete dimensões apresentadas anteriormente se mantêm? Em qual proporção? Será que essa perspectiva discursiva e interativa de leitura é contemplada no trabalho com as crianças do ciclo de alfabetização?

OBJETOS DE ENSINO E OBJETIVOS DO EIXO LEITURA PARA O CICLO DE ALFABETIZAÇÃO

Em primeiro lugar, destacamos o fato de o documento curricular utilizar implicitamente o conceito de "campo/esfera" da atividade humana de Bakhtin ([1952-53], 2003). A recontextualização de tal conceito científico para o documento curricular implicou escolher determinados campos e excluir outros, sempre levando em consideração os objetivos da escola do século XXI para crianças e jovens. Assim, a BNCC indica para os anos iniciais quatro campos:

(C1) Vida Cotidiana;
(C2) Artístico-literário;
(C3) Práticas de estudo e pesquisa;
(C4) Vida Pública.

Nesse sentido, realiza-se uma escolha prescritiva do que deve ser ensinado em todas as escolas públicas e privadas, envolvendo o que acontece nas práticas de leitura mais vernaculares e familiares (vida cotidiana) até as públicas (leis, notícias, estatutos...), passando necessariamente pelas obras de arte (*modelo literário*) e pelos conhecimentos escolares e enciclopédicos. Assumindo a possibilidade de interação de tais campos e a impossibilidade de isolamento deles nas práticas sociais, o documento afirma que eles foram os orientadores da "seleção de gêneros, práticas, atividades e procedimentos" (p. 85).

Em segundo lugar, registramos que, para o ciclo de alfabetização, as habilidades[13] e sua relação com os objetos de conhecimento enfatizam: (i) a leitura de palavras, (ii) a leitura de textos escritos e (iii) a leitura de textos de gêneros específicos. Ao organizá-las nos três grupos mencionados, conseguimos perceber melhor tais habilidades, no intuito de visualizar quais ações de **caráter metacognitivo e ou textual-discursivo** são escolhidas para as crianças. Tal organização permitiu também discernir melhor a própria concepção de leitura e os gêneros designados para o trabalho na escola.

Da mesma forma que brincamos com uma *Matryoshka ou* "boneca russa", abrindo as bonecas maiores para encontrar as menores, precisamos ler a BNCC, pois é um documento curricular que foi construído com um movimento retórico de apresentar **habilidades gerais** para depois (ou ao mesmo tempo!!) apresentar as **habilidades específicas.** Do ponto de vista textual-discursivo, tal modo de apresentação das unidades não nos pareceu didática ou muito bem organizada para as redes e profissionais da educação. Por isso, construímos quadros que as sistematizam. No Quadro 1, indicamos um conjunto de habilidades gerais de leitura, explicitadas no documento, para todos os cinco anos que compõem os anos iniciais da educação básica (ver Quadro 1). Em seguida, quadros que descrevem as habilidades gerais para o ciclo de alfabetização (ver Quadro 2) e outras habilidades específicas para cada ano (ver Quadros 3 e 4). Nossa análise aqui partirá sempre de tais quadros, pois são sínteses das habilidades propostas pela BNCC para que os municípios e estados brasileiros (re)pensem ou realizem suas reformas curriculares nos próximos anos. Do ponto de vista analítico, foi importante – no final da análise

---

13 Ao trazer vários verbos de ação didática e pedagógica ao mesmo tempo em algumas habilidades, a BNCC acaba não deixando claro qual o foco específico da habilidade. Então para efeitos de uma maior compreensão das habilidades do EIXO da Leitura e uma maior clareza do foco do ensino, realizamos uma análise de conteúdo que prioriza um *verbo de ação* por habilidade, separando algumas habilidades em três ou quatro. Para não numerá-las de forma diferenciada, acrescentamos uma letra ao final das habilidades que foram separadas para fins de uma melhor visão do todo. Então, por exemplo, usaremos (EF12LP02 A) e (EF12LP02 B) para separar os verbos de "buscar" e "selecionar", que originalmente estavam juntos em uma mesma habilidade. Tal decisão implica também uma crença de que percebem-se melhor os objetivos de aprendizagem e possíveis avaliações ao ter um foco central uma ação principal em cada habilidade.

mais específica – relacionar tais habilidades e os verbos de ação que as orientam às sete dimensões do EIXO Leitura (D1-D7).

Quadro 1 – Habilidades Gerais de Leitura na BNCC para os Anos Iniciais

Leitura de textos	Leitura de textos de gêneros específicos
(EF15LP01) *Identificar* a função social de <u>textos que circulam em campos da vida social</u> dos quais participa cotidianamente (a casa, a rua, a comunidade, a escola) e nas mídias impressa, de massa e digital, reconhecendo para que foram produzidos, onde circulam, quem os produziu e a quem se destinam. (EF15LP02) *Estabelecer* expectativas em relação <u>ao texto que vai ler</u> (pressuposições antecipadoras dos sentidos, da forma e da função social do texto), apoiando-se em seus conhecimentos prévios sobre as condições de produção e recepção desse texto, o gênero, o suporte e o universo temático, bem como sobre saliências textuais, recursos gráficos, imagens, dados da própria obra (índice, prefácio etc.), confirmando antecipações e inferências realizadas antes e durante a leitura de textos, checando a adequação das hipóteses realizadas. (EF15LP03) *Localizar* informações explícitas <u>em textos.</u> (EF15LP04) *Identificar* o efeito de sentido produzido pelo uso de recursos expressivos gráfico-visuais <u>em textos multissemióticos.</u> (EF15LP15) *Reconhecer* que <u>os textos literários</u> fazem parte do mundo do imaginário e apresentam uma dimensão lúdica, de encantamento, valorizando-os, em sua diversidade cultural, como patrimônio artístico da humanidade. (EF15LP18) *Relacionar* texto com ilustrações e outros recursos gráficos.	(EF15LP14) *Construir* o sentido de histórias em <u>quadrinhos e tirinhas,</u> relacionando imagens e palavras e interpretando recursos gráficos (tipos de balões, de letras, onomatopeias). (EF15LP16 A) *Ler*, em colaboração com os colegas e com a ajuda do professor e, mais tarde, de maneira autônoma, textos narrativos de maior porte como <u>contos</u> (populares, de fadas, acumulativos, de assombração etc.) e <u>crônicas.</u> (EF15LP16 B) *Compreender*, em colaboração com os colegas e com a ajuda do professor e, mais tarde [...]. (EF15LP17) *Apreciar* <u>poemas visuais e concretos,</u> observando efeitos de sentido criados pelo formato do texto na página, distribuição e diagramação das letras, pelas ilustrações e por outros efeitos visuais.

Fonte: Autor (2020)

Pela leitura do Quadro 1, inferimos claramente uma certa continuidade do discurso oficial de leitura dos PCNs, unindo uma perspectiva mais discursiva de leitura a uma perspectiva sociocognitiva, a qual focaliza sua atenção para as estratégias de leitura mobilizadas pelo leitor. Por isso, ao ler um texto, a criança precisará tanto "estabelecer expectativas em relação ao que se vai ler" (um verbete de enciclopédia sobre insetos, por exemplo), recuperando seus conhecimentos sobre a temática, o suporte e outros aspectos verbo-visuais. Ao mesmo tempo, espera-se uma certa identificação da função social e das condições de produção dos textos (uma enciclopédia impressa, produzida para crianças por jornalistas, com auxílio de ilustradores, por uma grande editora brasileira no século XXI, etc.). Algumas habilidades de leitura são vistas como gerais às turmas do 1º ao 5º ano, pois envolvem a questão da compreensão e a mobilização de estratégias diversas de leitura, tais como: ativação de conhecimento de mundo, antecipação de conteúdos ou aspectos do texto ou do gênero, checagem de hipóteses, localização de informações, produção de inferências, etc. Destacam-se também aspectos mais individuais (ser capaz de sozinho localizar, inferir, reconhecer, relacionar, compreender) do que coletivos (ser capaz de coletivamente ler e compreender...).

Outro aspecto que marca o discurso oficial da BNCC é a ênfase no tratamento dos textos que apresentam múltiplas linguagens ou modos de significação. Não é, por acaso, que justamente os gêneros "quadrinhos", "tirinhas", "poemas visuais e concretos" são indicados para todas as turmas do 1º ao 5º ano. De forma mais tímida, como veremos mais adiante, há algumas referências aos textos literários (EF15LP15) e a determinadas atitudes que devem ser desenvolvidas. Porém, poucos são os gêneros da literatura com potencial de recepção pela criança indicados para um trabalho mais aprofundado, especialmente se levarmos em consideração a riqueza do patrimônio literário oral e escrito para as crianças disponíveis no contexto brasileiro impresso e digital. Já aqui nota-se um possível apagamento da própria noção das obras literárias e do trabalho com a biblioteca escolar, pois indicam-se apenas dois ou três gêneros (contos, crônicas e poemas visuais) sem referência a um universo vasto de autores e obras produzidas para as crianças entre os séculos XIX e XXI.

O foco no trabalho de leitura com textos e gêneros específicos é garantido do ponto de vista curricular na BNCC, apesar de nem sempre conseguirmos notar como se dará a **progressão** e **avaliação** de tais habilidades entre os anos específicos. O Quadro 2, o qual focaliza apenas o ciclo de alfabetização, é um bom exemplo, pois ele traz poucas pistas de como aprofundar e ampliar determinadas habilidades. No âmbito da leitura, essa questão fica também muito frágil ao se indicar apenas o gênero sem fazer nenhum comentário ou prescrição sobre a natureza sintática ou lexical dos textos, além de outros critérios que poderiam ser utilizados. Não é qualquer "tira" ou qualquer "conto" que é apropriado do ponto de vista pedagógico, estético ou lúdico para o trabalho no ciclo de alfabetização.

Quadro 2 – Habilidades de leitura nos 1º e 2º Anos do ciclo de alfabetização

Leitura de palavras	(EF12LP01A) ***Ler*** palavras novas com precisão na **decodificação**. (EF12LP01B) ***Ler*** globalmente palavras de uso frequente, por **memorização**.
Leitura de textos	(EF12LP02 A) ***Buscar***, com a mediação do professor (***leitura compartilhada***), textos que circulam em meios impressos ou digitais, de acordo com as necessidades e interesses. (EF12LP02B) ***Selecionar***, com a mediação do professor (leitura compartilhada), textos que circulam em meios impressos ou digitais, de acordo com as necessidades e interesses. (EF12LP02C) ***Ler***, com a mediação do professor (leitura compartilhada), textos que circulam em meios impressos ou digitais, de acordo com as necessidades e interesses.

Fonte: Autor (2020)

Os verbos "ler", "compreender" e "identificar" são os mais frequentes nas habilidades comuns do 1º a 2º ano. O documento estabelece uma distinção implícita (e não muito clara) entre ***ler*** e ***compreender*** como se o primeiro fosse utilizado como uma prática específica mais ampla e o segundo indicasse mais um processo cognitivo-verbal, pois envolveria a mobilização de um conjunto de conhecimentos e uma determinada ação. As habilidades descritas no Quadro 2 indicam que as crianças podem realizá-las individualmente, mas também de forma compartilhada, ou seja, em colaboração com os colegas. Outros verbos que merecem destaques são "buscar" e "selecionar", pois inserem possíveis objetivos escolares para as crianças. Elas devem ser capazes de interagir com materiais específicos para a leitura tanto nos meios impressos quanto nos digitais (cf. EF12LP02 A, B e C). Essa relação entre o impresso e o digital é retomada ao longo de outras habilidades que destacam o trabalho de leitura com gêneros específicos, como podemos ver em EF12LP04A, EF12LP16 e EF12LP14.

Na esteira de outras propostas curriculares estaduais e municipais e dos próprios livros didáticos de alfabetização, o documento oficial prescreve um conjunto de gêneros que são escolhidos para um trabalho didático mais específico com o ciclo de alfabetização, a saber: *listas, folhetos, agendas, calendários, avisos, convites, cartazes, receitas, instruções de montagem, regras e regulamentos, fotolegendas de notícias, álbum de fotos digital noticioso, cartas de leitor, anúncios publicitários e textos de campanhas de conscientização destinados ao público infantil, enunciados de tarefas escolares, diagramas, curiosidades, pequenos relatos de experimentos, entrevistas, verbetes de enciclopédia infantil, poemas.*

Existe, de fato, uma certa diversidade genérica e um cuidado em apontar o universo infantil com um critério curricular para seleção de possíveis gêneros para o trabalho com crianças. Então, por exemplo, indica-se o trabalho de cartas de leitor publicadas em revistas infantis. Em alguns casos, leva-se em consideração a própria extensão dos textos (fotolegendas de notícia ou pequenos relatos de experimentos) ou textos verbo-visuais (diagramas ou álbum de fotos digital noticioso). De forma implícita, percebe-se que o foco não é o interesse educativo em si ou apenas nos textos narrativos, mas um critério que se aproxima da "lisibilidade" (*lisibilité* ou *readability*). Prescreve-se um trabalho em que algumas escolhas estilísticas e variáveis lexicais ou sintáticas deveriam ser levadas em consideração, além da relação verbal e visual de alguns textos. Assim, procura-se orientar uma seleção de gêneros em função dos leitores infantis, mas sem detalhar para as redes de ensino como essas seleções funcionam e os perigos do seu uso. Em outra direção mais pontual, a **esfera literária** encontra-se representada apenas pelo gênero poema e outros textos versificados, deixando de lado uma boa oportunidade de indicar um trabalho mais explícito com textos do campo artístico-literário. A literatura infantil (especialmente a tradição do trabalho com leitura de narrativas em prosa nos anos iniciais) perde aqui um espaço importante no discurso oficial de se firmar como essencial no processo de formação de leitores nas escolas e especialmente no ciclo de alfabetização.

O trabalho didático de leitura com os gêneros implicaria ler e levar em consideração **aspectos da situação comunicativa** e o **tema/assunto do texto**, relacionando a **organização composicional com a finalidade**. Apesar de acreditarmos que cada elemento desses exigiria um conjunto mais específico de habilidades, reconhecemos que é uma vantagem constatar uma concepção sociointeracionista em algumas habilidades. Se for bem interpretada, a BNCC pode induzir os currículos locais a assumirem uma visão mais discursiva do ato de ler, contrapondo-se a uma lista de "*basic skills*" como aparecem nas políticas mais recentes de alfabetização (cf. BRASIL, 2019) e propostas da Secretaria de Alfabetização do MEC (2019-2020).

Um exemplo concreto da concepção sociointeracionista é a percepção de que algumas habilidades apontam para a importância da recuperação do contexto de produção do texto, da finalidade da produção e das relações temáticas. No entanto, a noção de uma "réplica", que exige uma compreensão mais apreciativa dos textos, só é indicada em EF12LP18. A escolha do verbo "apreciar" em EF12LP18 mostra-se coerente com uma compreensão de leitura subjetiva e apropriada ao trabalho com poemas. O ato de apreciar está relacionado a explorar uma capacidade do domínio do avaliar, do preferir, do posicionar-se diante do texto, especialmente com poemas que trazem aspectos estéticos, pedagógicos e lúdicos para a escola. O uso mais singular e único de uma determinada habilidade pode indicar um conflito entre perspectivas de leitura, em que a perspectiva mais formal e estruturalista recebe um maior destaque nas habilidades.

Uma análise de conteúdo evidencia que há muito mais habilidades voltadas apenas para a ação cognitiva de "identificar". Tal escolha curricular (de)marca um foco da BNCC na identificação de certos conhecimentos, tais como **saber identificar** a forma de composição, a formatação e/ou a diagramação dos gêneros. Como as habilidades não ampliam para outras ações metacognitivas possíveis de se trabalhar com as crianças (descrever, comparar, discutir, examinar, construir, criar, esquematizar, apreciar, validar, etc.) ao ler textos de gêneros diversos, há aqui um grande retrocesso em relação às discussões sobre o trabalho com gêneros e leitura no ciclo de alfabetização. Tal ênfase pode ser um indício de que há uma maior defesa de **identificação de aspectos formais e composicionais dos formatos de gêneros textuais**[14], deixando em segundo plano o trabalho com a compreensão e réplica ativa dos textos e discursos selecionados pelas crianças.

Outras habilidades que nos parecem frágeis do ponto de vista de uma concepção de leitura é a indicação para o ciclo de alfabetização das habilidades EF12LP01A e EF12LP01B sem maiores esclarecimentos. O que está em jogo aqui é a mobilização de uma perspectiva cognitiva de leitura em que se discute duas grandes estratégias da identificação de palavras escritas: a **estratégia lexical** (EF12LP01B) e a **estratégia sublexical ou fonológica** (EF12LP01A). O foco da primeira coluna do Quadro 1, sem distinção do que fazer em cada ano como veremos a seguir, tem maior relação com a questão da leitura da palavra pelos olhos do leitor: em um caso pela **via indireta** a qual pressupõe a decifração de "palavras novas", seguida também de identificação pela **via direta** em que a criança faz uma leitura de palavras familiares

---

14 Observa-se no contexto brasileiro, em muitas matrizes de referência de avaliação em leitura, uma competência individual de "identificar gênero" na leitura. Em um dos cadernos do SAERJ, lemos: "Essa identificação pode se fazer em função da forma do texto, quando ele se apresenta na forma estável em que o gênero geralmente se encontra em situações da vida cotidiana. Por exemplo, no caso da receita culinária, quando ela traz inicialmente os ingredientes seguidos do modo de preparo dos mesmos" (RIO DE JANEIRO, 2008, p.25).

pelo reconhecimento ortográfico sem o recurso da decifração[15] (cf. GOIGOUX; CÈBE, 2006; SOARES, 2016).

Um primeiro problema parece-nos ser a falta de relacionar tais habilidades e estratégias utilizadas pelos leitores com os textos adequados para ensinar tais habilidades, em contextos de significados. Desta forma, focaliza-se apenas a noção de "palavras novas" ou "palavras de uso frequente" sem discutir ou apontar aspectos do uso semântico e ao acesso ao significado da palavra escrita pelas crianças. Ao ler títulos de receitas em um livro infantil, por exemplo, algumas crianças podem reconhecer diretamente e visualmente algumas palavras pela via lexical, recorrendo ao léxico ortográfico mental. Assim, podem ser capazes de ler com mais facilidade palavras como "bolo" ou "banana" nos títulos "**Bolo** na Caneca" e "Sobremesa de **bananas**" por serem possivelmente palavras mais familiares, de "uso frequente". No entanto, podem ter maiores dificuldades para ler "caneca" ou "sobremesa". Neste último caso, precisarão utilizar a via sublexical para identificar de forma indireta e ativar a forma fonológica através do processo de decodificação[16].

Da forma como tais habilidades são indicadas no documento, o adjetivo "nova", utilizado na expressão "palavra nova", pode levar o interlocutor a compreender que é uma palavra "nova" apenas do ponto de vista semântico, sem relacionar com o léxico ortográfico mental. Apesar da importância do trabalho com via lexical e especialmente a sublexical no ciclo de alfabetização, a BNCC deixa de sublinhar o jogo complexo de como as crianças usam as duas estratégias, recorrendo a outros conhecimentos e um certo monitoramento da

---

15 Percebe-se no documento oficial, diferentemente das reflexões ocorridas em outros países como na França ou em Portugal, em que há maior explicitação da leitura de frases e/ou textos coerentes com palavras conhecidas pelas crianças. Recomenda-se em tais contextos um ensino que, de alguma forma, recupere a memória do leitor pela imagem ortográfica, ou seja, pelo reconhecimento ortográfico.

16 Esse modelo de dupla rota (lexical e fonológica) para leitura de palavras é explorado com maiores detalhes em Soares (2016). Para a autora, o desenvolvimento de habilidades de leitura de palavras torna-se essencial no processo de alfabetização "[...] tanto pela rota fonológica quanto pela rota lexical, e são sobretudo os efeitos das características das palavras que suscitam o uso de uma ou outra rota ou a interação entre elas que, na verdade, não se contrapõem, mas interagem" (SOARES, 2016, p. 275).

leitura em um nível mais metacognitivo (cf. SOARES, 2016). Além disso, as imagens e outros elementos gráficos podem fazer com que as crianças levantem hipóteses ou procurem adivinhar ou antecipar o que está escrito em determinados textos. Ao ler o título da receita "Bolo na **Caneca**", observando a imagem de uma caneca na receita e usando, ao mesmo tempo, a via fonológica para compreender a palavra gráfica desconhecida por meio da segmentação sonora de sílabas (ca – ne-...), uma criança pode perceber que se trata da palavra "caneca" e não "canela", por exemplo.

Ensinar tais habilidades parece ter uma forte relação com a seleção de textos em gêneros específicos para que haja uma melhor compreensão do que se compreende por "memorização" na **via lexical** e por "decodificação" na via **sublexical**, sem esquecer que mesmo um conjunto de palavras que forma um texto pode ser lido por vias diferentes por crianças de uma mesma turma. Por ser uma perspectiva cognitiva de leitura diferente da contemplada nos PCNs, acreditamos que a distinção entre "palavras novas" e "palavras de uso frequente" carece também de maiores reflexões sobre o que se compreende por "precisão" e por "leitura global". A leitura de crachás, de placas, de propagandas ou de capas de livros, por exemplo, poderia aparecer relacionadas às habilidades EF12LP01A e EF12LP01B; com possíveis encaminhamentos para uma progressão entre tais habilidades no ciclo de alfabetização. Tal carência de uma maior sistematização e detalhes de como desenvolver um ensino de leitura de palavras em contextos significativos e específicos pode ser notado na ausência de habilidades específicas para o 1º ano, como podemos observar no Quadro 3.

Quadro 3 – Habilidades de Leitura para o 1º Ano

Leitura de palavras	Leitura de textos	Leitura de textos de gêneros específicos
Não há habilidade específica (ver Quadro 2).	(EF01LP01) **Reconhecer** que <u>textos</u> são lidos [...] da esquerda para a direita e de cima para baixo da página. (EF01LP26) **Identificar** elementos de <u>uma narrativa lida ou escutada</u>, incluindo personagens, enredo, tempo e espaço.	(EF01LP16A) **Ler**, em colaboração com os colegas e com a ajuda do professor, <u>quadras, quadrinhas, parlendas, trava-línguas</u>, dentre outros **gêneros do campo da vida cotidiana**, considerando a situação comunicativa e o tema/assunto do texto e relacionando sua forma de organização à sua finalidade. (EF01LP16 B) **Compreender**, em colaboração com os colegas e com a ajuda do professor [...] (EF01LP19) **Recitar** <u>parlendas, quadras, quadrinhas, trava-línguas</u>, com entonação adequada e observando as rimas.

Fonte: Autor (2020)

Do ponto de vista da complexidade do ensino de leitura de palavras, frases e textos para crianças em contextos complexos e desiguais no Brasil, parece-nos que apenas 05 habilidades é um número bastante reduzido para o 1º ano. Tal economia do discurso oficial da leitura se mostra, por exemplo, ao indicar apenas **UMA** habilidade para conhecimento sobre um dos modos de ler no Ocidente (da esquerda para a direita), mas sem problematizar que vários livros de literatura infantil, revistas infantis, suplementos e sites (além de aplicativos e jogos eletrônicos) solicitam do leitor outros modos de ler. A habilidade de apenas **reconhecer algo** mostra uma outra fragilidade do documento, pois se mobiliza uma habilidade no domínio cognitivo de uma memorização de padrões no nível do conhecimento. No entanto, algumas crianças serão desafiadas o tempo todo a repensar tal questão em um jogo de carta, de tabuleiro ou até mesmo na leitura de poemas visuais (um dos gêneros sugeridos pela BNCC).

A habilidade EF01LP26 a qual pressupõe **identificar** elementos das narrativas lidas ou escutadas pode novamente apontar para um currículo centrado em habilidades estruturalistas. Não existe aqui uma clareza curricular dos gêneros ou do trabalho com o modo literário "narrativo" no ciclo de alfabetização. Como a habilidade EF01LP26 dialoga com as outras habilidades de leitura se não há uma indicação do "ler" e do "compreender" determinadas narrativas literárias no ciclo de alfabetização? O que encontramos é apenas uma habilidade geral para todos os anos iniciais: "(EF15LP16) Ler e compreender, em colaboração com os colegas e com a ajuda do professor e, mais tarde, de maneira autônoma, **textos narrativos de maior porte** como contos (populares, de fadas, acumulativos, de assombração etc.) e crônicas." Verifica-se que aqui há uma generalização e pouca preocupação em estabelecer uma possível progressão dos textos narrativos literários no ciclo de alfabetização e no final dos anos iniciais da educação básica[17].

Do ponto de vista da seleção dos gêneros para leitura, notamos que o que daria identidade ao 1º ano para a BNCC seria a leitura e recitação de gêneros da tradição oral, compreendidos no documento como do **campo da vida cotidiana**. Possivelmente, um tratamento mais adequado para tais gêneros seria tratá-los no **campo artístico-literário**, pois fazem parte do imaginário popular e da poesia oral e cantada. Além disso, as quadrinhas, trava-línguas e parlendas circulam normalmente nas obras de literatura infantil, colaborando para o trabalho com a educação literária. Tal enquadramento discursivo expli-

---

[17] Defende-se um trabalho pedagógico que partiria das práticas de leitura da vida extraescolar e da Educação Infantil (ouvir contos populares ou canções, por exemplo) na direção de "gêneros secundários com textos mais complexos" (p. 89). Em contrapartida a tal discurso genérico, notamos aqui uma certa noção de "complexidade", vaga e sem aprofundamento, pois isso aparece como um critério orientador das escolhas e progressões curriculares para informar que faz-se necessário pensar "em uma progressiva incorporação de estratégias de leitura em textos de nível de complexidade crescente" (p. 89).

caria melhor, inclusive, a própria prática de recitação desses gêneros pelas crianças em EF01LP19. Do ponto de vista da teoria literária, as discussões propostas por Aguiar e Silva (1981), inserem a literatura tradicional oral (formas narrativas e formas poético-líricas) no âmbito da literatura infantil.

No 2º ano, a leitura-compreensão de textos literários de gêneros variados (EF02LP26A) é incentivada, com destaques para as narrativas ficcionais e os poemas visuais. Tal trabalho focaliza, infelizmente, apenas o "reconhecimento" e/ou "observação" de alguns aspectos. Os verbos escolhidos **reconhecer** e **observar** estão em uma dimensão bastante básica de operações cognitivas, pois não permitem ainda a **compreensão, aplicação, análise, síntese e avaliação** de alguns fenômenos linguísticos. A experiência com a mediação de textos literários com crianças assinala, por exemplo, que elas já são capazes de ir além do reconhecimento e da observação, apreciando e fazendo comparações e sínteses.

Quadro 4 – Habilidades de Leitura no 2º Ano

Leitura de palavras	Leitura de textos	Leitura de textos de gêneros específicos
(EF02LP03) **Ler** palavras com correspondências regulares diretas entre letras e fonemas (f, v, t, d, p, b) e correspondências regulares contextuais (c e q; e e o, em posição átona em final de palavra). (EF02LP04) **Ler** corretamente palavras com sílabas CV, V, CVC, CCV, identificando que existem vogais em todas as sílabas.	(EF02LP21) **Explorar**, com a mediação do professor, textos informativos de diferentes ambientes digitais de pesquisa, conhecendo suas possibilidades. (EF02LP26A) **Ler,** com certa autonomia, textos literários, de gêneros variados, desenvolvendo o gosto pela leitura. (EF02LP26B) **Compreender**, com certa autonomia, [...] (EF02LP28) **Reconhecer** o conflito gerador de uma narrativa ficcional e sua resolução, além de palavras, expressões e frases que caracterizam personagens e ambientes.	(EF02LP12A) **Ler** e compreender com certa autonomia cantigas, letras de canção, dentre outros **gêneros do campo da vida cotidiana**, considerando a situação comunicativa e o tema/assunto do texto e relacionando sua forma de organização à sua finalidade. (EF02LP12B) **Compreender** com certa autonomia, cantigas, letras de canção [...] (EF02LP29) **Observar**, em poemas visuais, o formato do texto na página, as ilustrações e outros efeitos visuais.

Fonte:Autor (2020)

Para finalizar tal análise da BNCC, destacamos o fato de apenas três dimensões serem contempladas com mais clareza curricular (D1, D2, D6). Infelizmente, quatro das dimensões explicitadas no documento não são plena ou parcialmente contempladas no ciclo de alfabetização, especialmente a "dialogia e relação entre textos" (D2), "reconstrução da textualidade" (D3), "reflexão crítica sobre as temáticas tratadas e validade das informações" (D4), "compreensão dos efeitos de sentido provocados pelos usos de recursos linguísticos e multissemióticos em textos pertencentes a gêneros diversos" (D5).

A dialogia e a relação entre textos poderiam, por exemplo, ser bastante exploradas no universo dos gêneros indicados para o ciclo, especialmente com a literatura infantil, a canção e os textos de tradição oral. Ao mesmo tempo, as temáticas tratadas com as crianças – seja sobre morte, violência, animais domésticos, jogos eletrônicos ou alimentação – necessitam sempre de um olhar crítico, especialmente quando temos habilidades que apontam para "buscar" e "explorar" textos dos mais diversos gêneros nos meios impressos e digitais. Por fim, aspectos da textualidade e o uso de determinados recursos linguísticos também poderiam ser mais bem abordados nas atividades de leitura e de análise linguística. O trabalho não poderia ficar apenas na identificação e no reconhecimento da forma composicional e na formatação dos textos, como vemos em algumas avaliações de leitura de larga escala. Uma habilidade como a EF12LP15, por exemplo, poderia estar agrupada com outras que pudessem perceber alguns recursos linguísticos interessantes em *slogans* publicitários para crianças.

ALGUMAS CONSIDERAÇÕES FINAIS

A análise de alguns aspectos do ensino de leitura na BNCC (2018) procurou caminhar neste terreno nebuloso e movediço de territórios curriculares. Ao procurar recuperar elementos das propostas curriculares estaduais e municipais entre os anos 80 e 90, procuramos explicitar que as reformas no ensino para alfabetização de crianças acontecem no campo do discurso oficial e apontam para perspectivas teórico-metodológicas bem específicas. No contexto brasileiro, como demonstramos, as abordagens cognitivas e interacionistas se fazem presentes com maior ou menor diálogo e tensão em diversos currículos estaduais e municipais. Além disso, os Parâmetros Curriculares Nacionais podem ser vistos como orientações curriculares gerais que impactaram propostas curriculares locais, a formação inicial de professores alfabetizadores e o próprio Programa Nacional do Livro Didático (PNLD). Nos últimos anos, ao lado das discussões e tentativas de operacionalização dos PCNs, o Conselho Nacional de Educação e o Ministério da Educação sinalizam para a construção de uma proposta curricular nacional única com características bem peculiares. Desta forma, emerge no cenário brasileiro um documento curricular polêmico, polissêmico e poderoso tentando, no campo do ensino da leitura, manter alguns consensos e romper com algumas tradições.

Do ponto de vista político, podemos dizer que o discurso oficial da BNCC se projeta em um contexto histórico muito mais prescritivo e autoritário do que os documentos anteriores[18], uma vez que os objetos de aprendizagem e as habilidades estão sendo usados como capacidades básicas (*basic skills*) para construção de novos materiais didáticos, propostas curriculares locais e avaliações em larga escala. Tais reformas aligeiradas não parecem dispor de aspectos éticos e profissionais para discutir com maior profundidade como cada rede de ensino (pública e particular) pode se mobilizar para (re)construir tais prescrições. Por não trazer justificativas ou um diálogo mais efetivo com os interlocutores, diferentemente de documentos curriculares anteriores (PCN, por exemplo) e de vários documentos estaduais e municipais, a apresentação de quadros sintéticos com habilidades para cada ano demonstra uma concepção de educação escolar mais centralizadora e que ainda acredita em uma educação "básica" para os diversos estados e municípios de um dos maiores países do mundo, com mais de 220 milhões de habitantes.

Diferentemente do SUS (Sistema Único de Saúde), nosso sistema escolar é bastante desigual e com peculiaridades, tradições, seleções docentes, salários e processos formativos bastante diferenciados. Além disso, os estados e municípios possuem prefeitos(as) e secretários(as) de educação – assim como técnicos(as) – que possuem diferentes concepções sobre o ensino da alfabetização e da leitura, gerenciando de forma complexa verbas educacionais próprias e as enviadas pelo governo federal. Desta forma, parece-nos que há ainda pouco investimento na formação de bibliotecas escolares e públicas, assim como projetos de leitura. Por

---

18   Para muitos profissionais e redes de ensino, os PCNs (1997-2017) traziam muito mais pontos de referência para o planejamento das atividades a ser elaborado pela professora alfabetizadora do que decisões sobre os conteúdos e habilidades básicos e obrigatórios.

outro lado, crescem as compras de materiais estruturados com métodos tradicionais de alfabetização ou de formações por instituições ou fundações que nem sempre promovem um desenvolvimento profissional da professora alfabetizadora. Neste contexto de grande desigualdade social e educacional, surgem dúvidas de como as redes estaduais e municipais brasileiras de educação se apropriarão do discurso oficial da BNCC para elaborar seus "novos" programas escolares. Jogarão o "bebê" com a água do banho?

A análise aqui apresentada precisa ser ampliada para que possamos compreender melhor como a BNCC induzirá a construção de outros programas curriculares estaduais e municipais nos próximos anos. Defendemos aqui que a BNCC funciona discursivamente como um *arquitexto curricular* ou um dispositivo, o qual impulsiona(rá) a produção de novos enunciados concretos e discursos sobre o ensino de leitura na escola, exigindo assim um olhar atento para os diferentes movimentos de interpretação. A proposta oficial é a de que a leitura (de palavras ou textos de gêneros específicos) ocorra nos 1º e 2º anos ampliando as experiências na Educação Infantil, mas agora com um destaque maior para aspectos mais cognitivos e estruturais. Notamos uma ênfase forte em ações cognitivas de "reconhecer" e de "identificar", indicando estratégias mentais que os sujeitos usam para compreender um texto. A maioria das habilidades que analisamos aponta para práticas de leitura mais individualizadas e pessoais do que coletivas, aproximando-se dos modelos de leitura que embasam as avaliações de leitura em larga escala, comentadas brevemente no início do artigo. Ou seja, corre-se o risco de termos construído – *mesmo sem querer* – um currículo de leitura para os anos iniciais centrado em um modelo "tecnocrático" e "*skill based*" que pode funcionar como uma "grade" para avaliar as crianças isoladamente e induzir materiais didáticos específicos.

Ao mesmo tempo, tal concepção de leitura caminha em paralelo, e tensiona uma perspectiva enunciativa e discursiva de trabalho com educação linguística, a qual aposta em um currículo mais diverso e organizado por um conjunto de gêneros adequados para a infância, inserindo aí o desafio do trabalho com a recepção e produção nos meios digitais. Tal seleção cultural implicou também o apagamento ou diminuição do ponto de vista curricular da tradição escolar com a esfera literária, especialmente com a narrativa para crianças, os livros ilustrados, a poesia e o texto dramático. E, por consequência, das políticas públicas de apoio ao livro impresso ou digital, assim como aos espaços de socialização das diversas práticas de leitura (bibliotecas, clubes do livro, sites especializados, etc.). Assim, esperamos que as recontextualizações da BNCC nos estados e municípios possam ser sensíveis aos problemas teórico-metodológicos apontados aqui, assim como fortaleçam uma pedagogia da leitura que leve em consideração diferentes habilidades, mas também diferentes discursos, identidades e modos de agir no mundo.

REFERÊNCIAS

ADRIÃO, T. *et alli*. Uma modalidade peculiar de privatização da escola pública: a aquisição de "sistemas de ensino" por municípios paulistas. **Educação e Sociedade**, Campinas, v. 30, n. 108, 2009.

BAKHTIN, M. Os gêneros do discurso. *In*: **Estética da Criação Verbal**. São Paulo: Martins Fontes.

BERNSTEIN, Basil. **The structuring of pedagogic discourse**, v. IV, Class, codes and control. London: Routledge, 1990.

BRASIL, MEC. Secretaria de Alfabetização. **PNA Política Nacional de alfabetização.** Brasília: MEC, SEALF, 2019.

BRASIL. MEC. **Base Nacional Comum Curricular.** Brasília: MEC/SEF, 2018.

BRASIL. MEC. **Parâmetros Curriculares Nacionais** (1ª a 4ª séries). Brasília: MEC/SEF, 1997.

CARVALHO, G. *et alli*. Propostas curriculares de Língua Portuguesa. *In*: **As propostas curriculares oficiais:** Análise das propostas curriculares dos estados e de alguns municípios das capitais para o ensino fundamental. São Paulo: Fundação Carlos Chagas, 1995.

CASSIANO, J.; ARAÚJO, E. O Projeto Alfaletrar na Rede Municipal de Lagoa Santa-MG: elementos centrais. **Práxis Educativa**, v. 13, n. 3, 2018.

CHARTIER, A.-M.; HÉBRARD, J. **Discursos sobre leitura – 1880-1980**. São Paulo: Ática, 1995.

CHIMELLO, J.; BUNZEN, C. Sistema apostilado e ensino de leitura para as crianças do 2º ano dos municípios paulistas. **Revista Contemporânea de Educação**, Rio de Janeiro, v. 6, n. 12, 2011.

CORACINI, M. J. Interação e sala de aula. Calidoscopio. v. 03, n. 03, set./dez., 2005.

DIONÍSIO, M. de L. A construção escolar de comunidades de leitores: leituras do manual de português. Coimbra: Almedina, 2000.

DIONÍSIO, M. de L.; BASTOS, L.; PASSOS, A. P.; PIMENTA, J. A construção escolar da disciplina de Português: recriação e resistência. *In*: DIONÍSIO, M. de L.; CASTRO, R. V. (org.). O Português nas Escolas: ensaios sobre a língua e a literatura no ensino secundário. Coimbra: Almedina, 2000.

FAYOL, M. Aquisição da escrita. São Paulo: Parábola, 2014.

FERREIRA, N. Ainda uma leitura dos Parâmetros Curriculares Nacionais de Língua Portuguesa. Revista IBEP – o ensino de língua portuguesa, São Paulo, 2001.

FRANCO, C. de P. Por uma abordagem complexa de leitura. *In*: TAVARES, K.; BECHER, S.; FRANCO, C. (org.). **Ensino de Leitura**: fundamentos, práticas e reflexões para professores da era digital. Rio de Janeiro: Faculdade de Letras da UFRJ, 2011.

FREITAS, L. C. de. **A reforma empresarial da educação**: nova direita, velhas ideias. São Paulo: Expressão Popular, 2018.

GOIGOUX, R.; CÈBE, S. Apprendre à lire à l'école: tout ce qu'il faut savoir pour accompagner l'enfant. Paris: Retz, 2006.

KLEIMAN, A. Avaliando a compreensão: letramento e discursividade nos testes de leitura. *In*: RIBEIRO, V. M. (org.). Letramento no Brasil. São Paulo: Ação Educativa: Global Editora: Instituto Paulo Montenegro, 2003.

MARCUSCHI, L. A. Processos de compreensão. *In*: MARCUSCHI, L. A. Produção textual, análise de gêneros e compreensão. São Paulo: Parábola, 2008.

LEAL, T.; MORAIS, A.; PESSOA, A. C.; NASCIMENTO, J. Habilidades de compreensão leitora: seu ensino e sua avaliação pela Provinha Brasil. Revista Brasileira de Educação v. 22 n. 68, jan./mar, 2017.

LEAL, T.; BRANDÃO, A. C. P.; BONIFÁCIO, A. P. A. Diferentes dimensões do ensino da leitura: currículo em discussão. *In*: SANTOS, A. C. dos; CAVALCANTE, M. A. da S. C.; GOMES, Y. L. S. (org.). Língua portuguesa em debate: leitura, escrita e avaliação. Maceió: EDUFAL, 2017.

LEAL, T. F.; BRANDÃO, A. C. P. Alfabetização e ensino de língua portuguesa: investigando o currículo no Brasil. Brasília: CNPq, 2012. (Relatório de pesquisa).

MARINHO, M. Currículos contemporâneos: novos conteúdos, nova retórica? *In*: MATTE, A. C. F. (org.). Língua(gem), texto, discurso: entre a reflexão e a prática. Rio de Janeiro, 2007.

PENHA, A. C.; *et alli.* (org.). **Relatos de sala de aula e outros diálogos**. Recife: Editora Universitária da UFPE, 2018. Disponível em: https://www3.ufpe.br/editora/UFPEbooks/Outros/relatos_sala_aula_outros_dialogos/. Acesso em:20 de Novembro de 2019.

PRADO, G. V. **Documentos Desemboscados**: conflito entre o gênero do discurso e a concepção de linguagem nos documentos curriculares de ensino de língua portuguesa. Tese (Doutorado em Linguística Aplicada) – UNICAMP, 1999.

RIO DE JANEIRO. Secretaria de Estado da Educação. **Revista do Professor de Avaliação da Educação**: Universidade Federal de Juiz de Fora, Faculdade de Educação, CAEd, 2008.

SOARES, M. **Alfabetização: a questão dos métodos**. São Paulo: Contexto, 2016.

SOARES, M. Ler, verbo transitivo. *In*: PAIVA, A.; MARTINS, A.; PAULINO, G.; VERSIANI, Z. (org.). Leituras literárias: discursos transitivos. Belo Horizonte: Ceale; Autêntica, 2008.

SOUSA, M. de L. Ler na escola. *In*: SEQUEIRA, F.; CASTRO, R. V. de; SOUSA, M. de L (org.). O ensino-aprendizagem do Português: teoria e práticas. Universidade do Minho, 1989.

SILVA, A. Práticas de ensino de leitura e escrita no Programa Alfa e Beto: entre estratégias e táticas. **Revista Educação em Questão**, Natal, v. 49, n. 35, p. 99-126, maio/ago, 2014.

CAPÍTULO 5

ORALIDADE E ANÁLISE LINGUÍSTICA NA BNCC: CONCEPÇÕES E RELAÇÕES

Ewerton Ávila dos Anjos Luna
Hérica Karina Cavalcanti de Lima

INTRODUÇÃO

A Base Nacional Comum Curricular (BNCC), publicada em 2018, traz um conjunto de aprendizagens consideradas essenciais e indispensáveis aos estudantes de todo o país. Constitui-se como uma referência nacional obrigatória para a elaboração ou adequação de currículos e propostas pedagógicas das redes de ensino e instituições escolares públicas e particulares. Embora não seja foco deste capítulo, ressaltamos, contudo, que sua implementação não foi um processo isento de conflitos. Nesse sentido, é importante conhecer a BNCC e entender como é proposto o ensino de Língua Portuguesa neste documento, especialmente no que se refere à articulação entre os seus eixos de ensino.

As novas perspectivas para o ensino de Português, já bastante debatidas, tomam o texto como objeto de ensino e propõem uma articulação entre a leitura, a produção escrita, a oralidade e a análise linguística, esta última compreendida como um eixo vertical, que se coloca a serviço dos demais eixos. Nesses termos, à medida que aprende a ler, a escrever e a falar, o aluno deve, também, refletir sobre a língua em funcionamento nos diversos gêneros textuais orais, escritos e multissemióticos.

Reconhecendo a importância de um ensino de Português voltado à formação do leitor/ouvinte proficiente e do produtor autônomo de textos que mesclam diversas linguagens, propomo-nos, neste estudo, refletir sobre os eixos da oralidade e da análise linguística na BNCC, analisando as concepções de trabalho com a oralidade e com as questões linguísticas explicitadas no documento, sobretudo no texto inicial (o que antecede os quadros com as habilidades). Buscamos, também, analisar o modo como se dão as relações entre esses dois eixos, observando se a análise linguística se configura como um eixo vertical. A ideia, com este estudo, é perceber avanços e/ou retrocessos do referido texto, o qual se coloca como documento de caráter normativo que define o conjunto orgânico e progressivo de aprendizagens, como já dito, essenciais a todos os alunos.

Para tanto, usamos como base teórica as discussões propostas por Sacristán (2000), sobre Currículo; por Luna (2016), sobre o eixo de oralidade; e por Mendonça (2006), sobre a Análise Linguística como eixo vertical, entre outros, cujas principais reflexões são apresentadas a seguir. Na sequência, analisamos os dados e discutimos os resultados, considerando o modo como os eixos de oralidade e análise linguística se apresentam na BNCC. Por fim, apresentamos nossas considerações finais sobre a análise realizada.

Acreditamos que estudos como este colaboram para um melhor entendimento da BNCC e, consequentemente, para uma apropriação mais crítica dela nas salas de aula das diversas redes de ensino.

REFLEXÕES SOBRE DOCUMENTOS OFICIAIS, ENSINO DA ORALIDADE E DA ANÁLISE LINGUÍSTICA

As várias contribuições dadas por diferentes correntes linguísticas trouxeram repercussões importantes para o ensino de língua no Brasil. Isso ficou refletido nos documentos oficiais publicados pelo Ministério da Educação e por Secretarias de Educação do país, indicando um importante avanço para as políticas de ensino de língua materna, com algumas consequências para o processo de ensino-aprendizagem.

Normalmente chamados de parâmetros, matrizes, orientações, base curricular comum, dentre outros, os documentos oficiais fazem parte de uma política de conhecimento, também oficial, que trazem diretrizes para o docente e fazem parte de um sistema curricular (SACRISTÁN, 2000).

Nesse conjunto de documentos, teremos uns mais prescritivos – sobretudo, os que trazem listas de conteúdos a serem trabalhados – e outros mais orientadores da prática docente. Além desses, muitos intentam ocupar esses dois papéis, o que, na visão de Sacristán (2000), é mais complicado porque se corre o forte risco de não fazer adequadamente nem uma coisa nem outra, além, principalmente, de se cair em contradição, uma vez que a prescrição estaria para um currículo mínimo obrigatório, enquanto as orientações seriam uma forma de se chegar a práticas diversificadas, mas embasadas nas mesmas concepções.

Os documentos com essa característica dupla são prescritivos e orientadores ao mesmo tempo, sendo, portanto, uma espécie de regulação administrativa do currículo. Esse tipo de regulação, conforme Sacristán:

> Com sua minuciosidade e entrada em terreno estritamente pedagógico, quis se justificar entre nós como uma via indireta de formação dos professores que têm que desenvolver na prática o currículo prescrito, para o qual dita não apenas conteúdos e aprendizagens consideradas mínimas, mas trata também de ordenar pedagogicamente o processo (2000, p. 113).

Apesar de nosso foco no capítulo ser a BNCC (BRASIL, 2018), ressaltamos que, em documentos anteriores, a oralidade ora apareceu como eixo de ensino de modo explícito, ora não. Os PCN destinados ao Ensino Fundamental (BRASIL, 1998), por exemplo, dedicam seções relacionadas à *prática de escuta* e à *prática de produção de textos orais*. Já os PCNEM – Linguagens, códigos e suas tecnologias (BRASIL, 2000) – na parte específica da Língua Portuguesa, não há divisão por eixos do ensino de língua[1]. Nesse caso, a oralidade não tem espaço em

---

[1] Destacamos que não significa que os PCNEM (2000) não tenham uma boa abordagem para o trabalho com a oralidade. O foco aqui é, apenas, indicar que o documento não contempla explicitamente seção destinada a questões de oralidade, diferentemente de outros como a BNCC

parte definida, estando presente em meio às concepções basilares que consideram a linguagem como forma de interação, o texto como unidade básica de ensino e a importância da reflexão sobre diversas situações comunicativas. Por outro lado, nas Orientações Curriculares para o Ensino Médio (BRASIL, 2006), as atividades de escuta e produção de textos orais aparecem como eixos organizados das ações de ensino e aprendizagem.

Independentemente de como está posto nos documentos oficiais, destacamos que defendemos uma abordagem que entende a oralidade como importante eixo de ensino, sendo relevante a garantia, na aula de Português, de espaços para que o aluno fale em situações diversificadas, o que demanda gêneros textuais variados, com ênfase, principalmente, na fala pública. Além disso, é importante a formação de um ouvinte ativo no sentido de não apenas decodificar o que escuta, mas de confrontar ideias, explicitar e defender as suas (LUNA, 2016).

Em relação à produção, aponta-se que, ainda que as atividades de oralização sejam importantes (MARCUSCHI, 2001; DOLZ, SCHNEUWLY, HALLER, 2004), é necessária a compreensão de que o ensino da oralidade pode ser mais amplo, superando a ideia de que a leitura em voz alta dá conta do trabalho com o eixo da oralidade. Quanto às atividades de produção textual, ressalta-se a ênfase no desenvolvimento de competências e habilidades da oralidade de modo mais sistemático, contrapondo-se às frequentes atividades com orientação de conversar com os colegas e dar sua opinião (LUNA, 2016).

Para isso, é necessária a definição de características do oral, conforme apontam Dolz, Schneuwly e Haller (2004). Segundo os autores, "é somente com essa condição que se pode promovê-lo de simples objeto de aprendizagem ao estatuto de objeto de ensino reconhecido pela instituição escolar, como o são a produção escrita, a gramática ou a literatura" (DOLZ; SCHNEUWLY; HALLER, 2004, p. 126).

Outro aspecto a ser considerado é que uma atividade com o texto oral pode desencadear uma série de reflexões que integram os eixos da

---

que as colocam como uma Prática de Linguagem definida, junto às de Leitura, Produção, Análise Linguística/Semiótica.

leitura, produção escrita e análise linguística, direcionando, portanto, a reflexões escolares para os *usos da linguagem* que, de acordo com Suassuna (2006), devem ser o foco do ensino de Língua Portuguesa:

> A principal razão para o trabalho com a linguagem na escola deveria ser a busca de novas possibilidades de expressão e compreensão do sentido, partindo-se dos usos de que cada falante faz de sua própria língua, bem como do conhecimento que já acumulou sobre ela (SUASSUNA, 2006, p. 40).

Considerando essa necessidade de refletir na escola sobre os usos da linguagem, voltamos nosso olhar de modo mais específico para o eixo de análise linguística, o qual se ocupa, segundo Mendonça (2006, p. 205), da "[...] reflexão sobre o sistema linguístico e sobre os usos da língua, com vistas ao tratamento escolar de fenômenos gramaticais, textuais e discursivos".

O termo análise linguística, proposto por João Wanderley Geraldi no artigo *Unidades básicas do ensino de português* (1984), diz respeito a um trabalho que, nascido no interior de uma concepção sociointeracionista de linguagem, seja capaz de promover uma visão reflexiva da língua de modo articulado à leitura e à produção textual[2]. Essa articulação parte da ideia de que os usos linguísticos são materializados na leitura e na produção oral e escrita; portanto, ao mesmo tempo em que se ensina a ler, a escrever e a falar, ensina-se também a refletir sobre a língua. Em outras palavras, a análise linguística está a serviço da leitura, da oralidade e da produção escrita, porque, quanto mais o aluno souber sobre a língua em funcionamento, melhor será o seu desempenho nos demais eixos de ensino-aprendizagem.

Tomar a análise linguística como um eixo vertical é, ainda, uma proposta teórico-metodológica diferente da prática cotidiana conhecida no ensino de Português, por isso um desafio que precisa ser superado. Sendo assim, cabe entendermos como os documentos oficiais compre-

---

[2] Embora Geraldi não tenha mencionado em seus trabalhos, àquela época, a oralidade, hoje a entendemos também como eixo e objeto de ensino e, por isso, passível dessa articulação.

endem o trabalho com a análise linguística, se ela é tomada como um eixo vertical e, de modo mais específico neste recorte, se, na BNCC, a análise linguística é vista a serviço do trabalho com a oralidade.

ORALIDADE E ANÁLISE LINGUÍSTICA NA BNCC

A BNCC, de acordo com afirmação em seu próprio texto, dialoga em termos de concepções basilares com outros documentos oficiais anteriormente publicados como, por exemplo, os PCNs. De modo geral, um dos principais avanços está na consideração das novas práticas de linguagem contemporâneas existentes em função das novas tecnologias. Sobre isso, tem-se:

> As práticas de linguagem contemporâneas não só envolvem novos gêneros e textos cada vez mais multissemióticos e multimidiáticos, como também novas formas de produzir, de configurar, de disponibilizar, de replicar e de interagir. As novas ferramentas de edição de textos, áudios, fotos, vídeos tornam acessíveis a qualquer um a produção e disponibilização de textos multissemióticos nas redes sociais e outros ambientes da *Web*. Não só é possível acessar conteúdos variados em diferentes mídias, como também produzir e publicar fotos, vídeos diversos, *podcasts*, infográficos, enciclopédias colaborativas, revistas e livros digitais etc (BRASIL, 2018, p. 68).

Como se percebe, as práticas de linguagem citadas a título de ilustração contemplam as duas modalidades de língua: a fala e a escrita. Em relação especificamente à oralidade, há: edição de áudios, vídeos, produção de vídeos e *podcasts*. Essa perspectiva de conceber as práticas de linguagem do modo diversificado colabora para a presença de práticas de oralidade na escola. Neste caso, pode-se afirmar que o tratamento dado à oralidade não é muito diferente de outros documentos no que se refere ao espaço específico para refletir sobre este eixo de ensino do Português, conforme se observa no texto que discorre sobre os objetivos do componente Língua Portuguesa, cuja ênfase é "[...] possibilitar a participação significativa e crítica nas diversas práticas sociais permeadas/constituídas pela oralidade, pela escrita e por outras linguagens" (BRASIL, 2018, p. 67-68).

A diversidade de situações, nesta perspectiva, é defendida pelo documento que compreende a relevância da participação crítica dos alunos, também cidadãos, tanto em situações mais formais quanto em situações cotidianas que envolvem novas tecnologias digitais da informação e comunicação (TDIC). O excerto seguinte exemplifica isso: "Compreender uma palestra é importante, assim como ser capaz de atribuir diferentes sentidos a um gif ou meme" (BRASIL, 2018, p. 69).

É partindo dessa ideia central de diversidade que o eixo da oralidade é definido na BNCC:

> O Eixo da Oralidade compreende as práticas de linguagem que ocorrem em situação oral com ou sem contato face a face, como aula dialogada, webconferência, mensagem gravada, *spot* de campanha, *jingle*, seminário, debate, programa de rádio, entrevista, declamação de poemas (com ou sem efeitos sonoros), peça teatral, apresentação de cantigas e canções, *playlist* comentada de músicas, *vlog* de *game*, contação de histórias, diferentes tipos de *podcasts* e vídeos, dentre outras (BRASIL, 2018, p. 78-79).

A oralização de textos escritos também faz parte do eixo, sendo considerada relevante para abordagens nas aulas de Português, permitindo a reflexão da relação fala-escrita. A pluralidade das práticas possibilita que sejam trabalhados, dentre outros aspectos, conforme Núñez Delgado (2000): unidades de gestão da conversação, elementos para manutenção da progressão dos tópicos, estratégias como *feedbacks*, correções, encadeamentos, e ajustes de caraterísticas formais da fala (variedade léxica, complexidade sintática, etc.). É a partir da escuta, análise e produção de textos orais diversificados que os estudantes vão compreendendo suas características, suas semelhanças e diferenças, suas funcionalidades, seus usos e os papéis sociais assumidos por falantes e ouvintes. É sob esta ótica que a BNCC explica o que compreende as práticas orais:

Figura 1 – Práticas orais

Consideração e reflexão sobre as **condições de produção dos textos orais** que regem a circulação de diferentes gêneros nas diferentes mídias e campos de atividade humana	• Refletir sobre diferentes contextos e situações sociais em que se produzem textos orais e sobre as diferenças em termos formais, estilísticos e linguísticos que esses contextos determinam, incluindo-se aí a multimodalidade e a multissemiose. • Conhecer e refletir sobre as tradições orais e seus gêneros, considerando-se as práticas sociais em que tais textos surgem e se perpetuam, bem como os sentidos que geram.
Compreensão de textos orais	• Proceder a uma escuta ativa, voltada para questões relativas ao contexto de produção dos textos, para o conteúdo em questão, para a observação de estratégias discursivas e dos recursos linguísticos e multissemióticos mobilizados, bem como dos elementos paralinguísticos e cinésicos.
Produção de textos orais	• Produzir textos pertencentes a gêneros orais diversos, considerando-se aspectos relativos ao planejamento, à produção, ao *redesign*, à avaliação das práticas realizadas em situações de interação social específicas.
Compreensão dos **efeitos de sentidos** provocados pelos usos de **recursos linguísticos e multissemióticos** em textos pertencentes a gêneros diversos	• Identificar e analisar efeitos de sentido decorrentes de escolhas de volume, timbre, intensidade, pausas, ritmo, efeitos sonoros, sincronização, expressividade, gestualidade etc. e produzir textos levando em conta efeitos possíveis.
Relação entre fala e escrita	• Estabelecer relação entre fala e escrita, levando-se em conta o modo como as duas modalidades se articulam em diferentes gêneros e práticas de linguagem (como jornal de TV, programa de rádio, apresentação de seminário, mensagem instantânea etc.), as semelhanças e as diferenças entre modos de falar e de registrar o escrito e os aspectos sociodiscursivos, composicionais e linguísticos de cada modalidade sempre relacionados com os gêneros em questão. • Oralizar o texto escrito, considerando-se as situações sociais em que tal tipo de atividade acontece, seus elementos paralinguísticos e cinésicos, dentre outros. • Refletir sobre as variedades linguísticas, adequando sua produção a esse contexto.

Fonte: BRASIL, 2018, p. 79-80.

Como se observa, é subjacente o trabalho com gêneros textuais, considerando os efeitos de sentido advindos de fatores linguísticos e extralinguísticos, prototípicos da oralidade ou não.

Ressalta-se também que, apesar de a ênfase do trabalho com a oralidade na aula de Português muitas vezes estar na produção do texto – um exemplo disso são as propostas dos Livros Didáticos (LUNA, 2016), a BNCC destaca o processo de compreensão concebido de modo ativo, reforçando a ideia de ser função da escola trabalhar com o aluno para que ele seja ouvinte crítico em situações diversificadas, com variadas estratégias de produção de sentidos. De acordo com Núñez Delgado, é importante refletir, dentre outros fatores, sobre:

> (...) cómo se usa el lenguaje para la relación entre las personas llamando la atención de los alumnos para que distingan cuando se opina y cuando se informa, para que se fijen en el valor de la entonación y de los gestos a la hora de determinar el verdadero sentido de un mensaje, para que capten la ironía, el humor y los dobles sentidos, para que observen distintos grados de formalidad en el uso del lenguaje y las causas a que responden, etc. (2000, p. 171)³.

Como se percebe, são aspectos relacionados a elementos linguísticos, prosódicos e paralinguísticos que, em conjunto com informações extralinguísticas como, por exemplo, quem fala, de onde fala, para quem fala, são responsáveis pela produção de sentidos do texto.

Quanto à produção de texto, destaca-se a natureza processual que parte do planejamento à avaliação. Não é porque se trata da modalidade oral da língua que não se deva chamar a atenção para todas as etapas processuais da produção textual.

Outro fator importante citado como práticas orais é a reflexão sobre a relação fala-escrita. É fato que as práticas dos usos da língua acontecem por meio de gêneros textuais pertencentes tanto à oralidade quanto à escrita e que se relacionam em vários momentos. Bazerman (2011) destaca que os textos permeiam as atividades sociais, estas, por sua vez, existem em função daqueles e de outros textos anteriores a eles. Essa seria a premissa básica para a compreensão do que o autor postula sobre

---

3 "(...) como se usa a língua para a relação entre as pessoas, chamando a atenção dos alunos para que distingam quando se opina e quando se informa, para que foquem no valor da entonação e dos gestos na hora de determinar o real sentido de uma mensagem, a fim de compreenderem a ironia, o humor e os duplos sentidos, para que observem os diferentes graus de formalidade no uso da língua e as causas a que eles correspondem, etc. (NÚÑEZ DELGADO, 2000, p. 171).

os sistemas de gêneros que fazem parte de uma rede complexa do modo de vida organizado. Para o autor:

> Cada texto bem sucedido cria para seus leitores um *fato social*. Os fatos sociais consistem em ações sociais significativas realizadas pela linguagem, ou *atos de fala*. Esses atos são realizados através de formas textuais padronizadas, típicas e, portanto, inteligíveis, ou *gêneros*, que estão relacionadas a outros textos e gêneros que ocorrem em circunstâncias relacionadas. Juntos, os vários tipos de textos se acomodam em *conjuntos de gêneros* dentro de *sistemas de gêneros*, os quais fazem parte dos sistemas de atividades humanas (BAZERMAN, 2011, p. 22).

A relevância do trabalho com as práticas orais e escritas é evidente na BNCC, o que confirma o caráter de contínuo avanço do espaço da oralidade no currículo escolar, de modo a superar práticas mais tradicionais cuja ênfase era, apenas, na modalidade escrita (LUNA, 2016). Na lista de competências específicas de Língua Portuguesa para o ensino fundamental da BNCC, encontra-se, no número 3, a seguinte:

> Ler, escutar e produzir textos orais, escritos e multissemióticos que circulam em diferentes campos de atuação e mídias, com compreensão, autonomia, ﬂuência e criticidade, de modo a se expressar e partilhar informações, experiências, ideias e sentimentos, e continuar aprendendo (BRASIL, 2018, p. 89).

Como se observa, a escuta e a produção de textos orais são consideradas do mesmo modo que a leitura e a produção dos textos escritos.

No que se refere à reflexão sobre a língua, a BNCC aponta a análise linguística/semiótica também como uma prática de linguagem, a qual "[...] envolve conhecimentos linguísticos – sobre o sistema de escrita, o sistema da língua e a norma-padrão –, textuais, discursivos e sobre os modos de organização e os elementos de outras semioses" (BRASIL, 2018, p. 69). O documento ressalta, confirmando o movimento metodológico de documentos curriculares anteriores à BNCC, que:

> [...] estudos de natureza teórica e metalinguística – sobre a língua, sobre a literatura, sobre a norma-padrão e outras variedades da língua – não devem nesse nível de ensino ser tomados como um fim em si mesmo, devendo estar envolvidos em práticas de reflexão que permitam aos estudantes ampliarem suas capacidades de uso da língua/linguagens (em leitura e em produção) em práticas situadas de linguagem (p. 69).

O eixo de análise linguística/semiótica na BNCC remete a procedimentos e estratégias de análise e avaliação consciente das materialidades do texto durante processos de leitura e de produção de textos orais, escritos e multissemióticos. Neste momento, já é possível perceber a ideia de verticalidade da análise linguística, mesmo que não indicada explicitamente, uma vez que fazer análise linguística implica em analisar, de forma consciente, a língua em funcionamento na materialidade do texto. Essa análise consciente permitirá ao aluno reconhecer que as escolhas linguísticas produzirão determinados efeitos de sentido nos interlocutores.

Ainda de acordo com o documento, no eixo de análise linguística, é possível analisar, no que se refere à linguagem verbal oral e escrita, aspectos como coesão, coerência e organização da progressão temática dos textos, questões determinadas pela forma de composição do gênero em questão. Em relação aos textos orais, de modo mais específico, essa abordagem deve envolver também os elementos característicos da fala (ritmo, altura, intensidade, clareza de articulação, variedade linguística adotada, estilização etc.), assim como os elementos paralinguísticos e cinésicos (postura, expressão facial, gestualidade etc.). Já no que concerne ao estilo, a BNCC orienta que devem ser levadas em consideração as escolhas lexicais e de variedade linguística, dentre outros elementos.

Um dos avanços da abordagem da análise linguística na BNCC é o destaque às questões de semiótica. Essa atenção aos textos semióticos ganha força devido às interações vividas pelos estudantes, sobretudo, na *internet*/redes sociais, as quais a escola não pode deixar de considerar. Nesse sentido, quanto aos textos multissemióticos, o documento orienta que a análise leve em conta as formas de composição e estilo das linguagens que os constituem, como plano/ângulo/lado, figura/fundo, profundidade e foco, cor e intensidade (no caso das imagens visuais estáticas), características de montagem, ritmo, tipo de movimento, duração, distribuição no espaço, sincronização com outras linguagens, complementaridade e interferência etc. (no caso das imagens dinâmicas e performances), ritmo, andamento, melodia, harmonia, timbres, instrumentos, sampleamento (no caso da música), entre outros.

A ideia sustentada pelo documento de que "[...] as práticas de leitura/escuta e de produção de textos orais, escritos e multissemióticos oportunizam situações de reflexão sobre a língua e as linguagens de uma forma geral" (BRASIL, 2018, p. 79) novamente remete à concepção de análise linguística como um eixo vertical, embora o conceito de verticalidade não apareça de modo claro ou explícito.

Vale destacar, ainda, que cabem, na BNCC, no eixo de análise linguística, reflexões sobre os fenômenos da mudança linguística e da variação linguística, entendidos no documento como sendo inerentes a qualquer sistema linguístico e observáveis em quaisquer níveis de análise.

Considerando a ideia de articulação da análise linguística com os demais eixos de ensino, a BNCC apresenta um quadro de habilidades de análise linguística/semiótica articuladas às habilidades relativas e às práticas de uso – leitura/escuta e produção de textos. O documento destaca que, para fins de organização do quadro de habilidades do componente, foi considerada a prática principal (eixo), mas uma mesma habilidade incluída em um eixo pode também dizer respeito a outro. Assim, a separação das práticas de uso e de análise se dá apenas para fins de organização curricular, já que, em muitos casos – o que é comum e desejável, segundo o documento – "essas práticas se interpenetram e se retroalimentam" (2018, p. 80):

Figura 2 – Análise linguística/Semiótica

Morfossintaxe	• Conhecer as classes de palavras abertas (substantivos, verbos, adjetivos e advérbios) e fechadas (artigos, numerais, preposições, conjunções, pronomes) e analisar suas funções sintático-semânticas nas orações e seu funcionamento (concordância, regência). • Perceber o funcionamento das flexões (número, gênero, tempo, pessoa etc.) de classes gramaticais em orações (concordância). • Correlacionar as classes de palavras com as funções sintáticas (sujeito, predicado, objeto, modificador etc.).
Sintaxe	• Conhecer e analisar as funções sintáticas (sujeito, predicado, objeto, modificador etc.). • Conhecer e analisar a organização sintática canônica das sentenças do português do Brasil e relacioná-la à organização de períodos compostos (por coordenação e subordinação). • Perceber a correlação entre os fenômenos de concordância, regência e retomada (progressão temática – anáfora, catáfora) e a organização sintática das sentenças do português do Brasil.
Semântica	• Conhecer e perceber os efeitos de sentido nos textos decorrentes de fenômenos léxico-semânticos, tais como aumentativo/diminutivo; sinonímia/antonímia; polissemia ou homonímia; figuras de linguagem; modalizações epistêmicas, deônticas, apreciativas; modos e aspectos verbais.
Variação linguística	• Conhecer algumas das variedades linguísticas do português do Brasil e suas diferenças fonológicas, prosódicas, lexicais e sintáticas, avaliando seus efeitos semânticos. • Discutir, no fenômeno da variação linguística, variedades prestigiadas e estigmatizadas e o preconceito linguístico que as cerca, questionando suas bases de maneira crítica.
Fono-ortografia	• Conhecer e analisar as relações regulares e irregulares entre fonemas e grafemas na escrita do português do Brasil. • Conhecer e analisar as possibilidades de estruturação da sílaba na escrita do português do Brasil.
Elementos notacionais da escrita	• Conhecer as diferentes funções e perceber os efeitos de sentidos provocados nos textos pelo uso de sinais de pontuação (ponto final, ponto de interrogação, ponto de exclamação, vírgula, ponto e vírgula, dois-pontos) e de pontuação e sinalização dos diálogos (dois-pontos, travessão, verbos de dizer). • Conhecer a acentuação gráfica e perceber suas relações com a prosódia. • Utilizar os conhecimentos sobre as regularidades e irregularidades ortográficas do português do Brasil na escrita de textos.

Fonte: BRASIL, 2018, p. 80-81

Como é possível observar no quadro acima, as habilidades propostas para o eixo de análise linguística/semiótica nem sempre constituem, de fato, ações reflexivas sobre a linguagem, aproximando-se, muitas vezes, do trabalho já acostumado com a gramática tradicional, como é possível observar nas habilidades de Morfossintaxe e de Sintaxe, por exemplo. E não percebemos, neste momento, indicações sobre o caráter vertical da análise linguística.

No entanto, quando adentramos nos Campos de atuação, conseguimos perceber indícios dessa verticalidade. Esses Campos de atuação constituem uma das categorias organizadoras do documento e remetem aos campos em que as práticas de linguagem (leitura, produção de textos, oralidade e análise linguística/semiótica) se realizam, numa tentativa, segundo o texto da BNCC, de atentar para "[...] a importância da contextualização do conhecimento escolar, para a ideia de que essas práticas derivam de situações da vida social e, ao mesmo tempo, precisam ser situadas em contextos significativos para os estudantes" (BRASIL, 2018, p. 82). No documento, são cinco os campos de atuação considerados: Campo da vida cotidiana (somente anos iniciais), Campo artístico-literário, Campo das práticas de estudo e pesquisa, Campo jornalístico/midiático e Campo de atuação na vida pública, sendo que esses dois últimos aparecem fundidos nos anos iniciais do Ensino Fundamental, com a denominação Campo da vida pública. Podemos observar, por exemplo, no Campo Jornalístico/Midiático, no eixo de análise linguística/semiótica (6º ao 9º ano) e no Objeto de conhecimento "Efeito de sentido", essa ideia de verticalidade na habilidade EF69LP19[4]:

> Analisar, em gêneros orais que envolvam argumentação, os efeitos de sentido de elementos típicos da modalidade falada, como a pausa, a entonação, o ritmo, a gestualidade e expressão facial, as hesitações etc. (BRASIL, 2018, p. 152).

Aqui, percebemos que há destaque para os efeitos de sentido que podem ser provocados a partir do uso de elementos característicos da oralidade em gêneros textuais orais. Ou seja, enquanto aprende o gênero oral, o estudante é convidado a analisar linguisticamente esses elementos, a refletir sobre seus usos e sobre o gênero oral.

Outro exemplo ocorre no Campo Artístico-literário, no eixo de análise linguística/semiótica (6º ao 9º ano) e no Objeto de ensino "Recursos

---

[4] As habilidades na BNCC são indicadas por siglas que correspondem à etapa da Educação Básica considerada, ao(s) ano(s) a serem desenvolvidas, ao componente curricular e ao seu número. Neste caso, por exemplo, EF69LP19 trata-se de habilidade n. 19 do Ensino Fundamental a ser desenvolvida do 6º ao 9º ano em Língua Portuguesa.

linguísticos e semióticos que operam nos textos pertencentes aos gêneros literários", mais especificamente na EF69LP54:

> Analisar os efeitos de sentido decorrentes da interação entre os elementos linguísticos e os recursos paralinguísticos e cinésicos, como as variações no ritmo, as modulações no tom de voz, as pausas, as manipulações do estrato sonoro da linguagem, obtidos por meio da estrofação, das rimas e de figuras de linguagem como as aliterações, as assonâncias, as onomatopeias, dentre outras, a postura corporal e a gestualidade, na declamação de poemas, apresentações musicais e teatrais, tanto em gêneros em prosa quanto nos gêneros poéticos (...) (BRASIL, 2018, p. 158).

Como se pode perceber, aqui também há a indicação de uma análise linguística/semiótica tomada verticalmente, a serviço da oralidade. Considerar os efeitos de sentido – uma das questões-chave do ensino da análise linguística – é um caminho para que o aluno reflita sobre o funcionamento das escolhas linguísticas, paralinguísticas e cinésicas na construção dos sentidos do texto.

As reflexões aqui realizadas nos levam ao entendimento de que a BNCC considera o trabalho com a oralidade como oportunidade também para a reflexão sobre a língua, embora não esteja explícito no documento o conceito de verticalidade e embora encontremos, ainda, abordagens tradicionais da gramática em algumas das habilidades propostas. De todo modo, temos caminhos a seguir a partir das orientações apontadas pela BNCC.

CONSIDERAÇÕES FINAIS

Conforme análise no tópico anterior, as concepções de Oralidade e Análise Linguística na BNCC dialogam com os estudos atuais e defendem um trabalho com Português na escola voltado para os usos da língua. Essa tendência, como mencionado, vem de documentos anteriores que têm por base a concepção de linguagem como forma de interação social.

Desse modo, a oralidade é entendida como prática social e a análise linguística é compreendida em uma perspectiva de reflexão sobre aspectos da língua a serviço das práticas de leitura, escuta e produção de textos orais e escritos. Como avanço do referido documento, apontamos a visão da forte relação entre as modalidades falada e escrita e a consideração de aspectos semióticos tão importantes aos variados modos de composição textual.

Por outro lado, observamos também que, embora a organização do eixo Análise Linguística/Semiótica indicie uma abordagem vertical, foi possível identificar habilidades em que isso não ocorre, sendo o eixo proposto em uma perspectiva tradicional de ensino da língua.

Por fim, destacamos a necessidade de mais estudos relacionados à BNCC como, por exemplo, voltados às habilidades citadas para a Oralidade e à relação entre a Análise Linguística/Semiótica e às demais práticas de linguagem (eixos do ensino de Português como também nomeado no capítulo). Isso porque a Base tem sido referência para a prática dos professores, para a produção de Currículos estaduais e para produção de material didático, conforme editais do Programa Nacional do Livro e Material Didático (PNLD).

REFERÊNCIAS

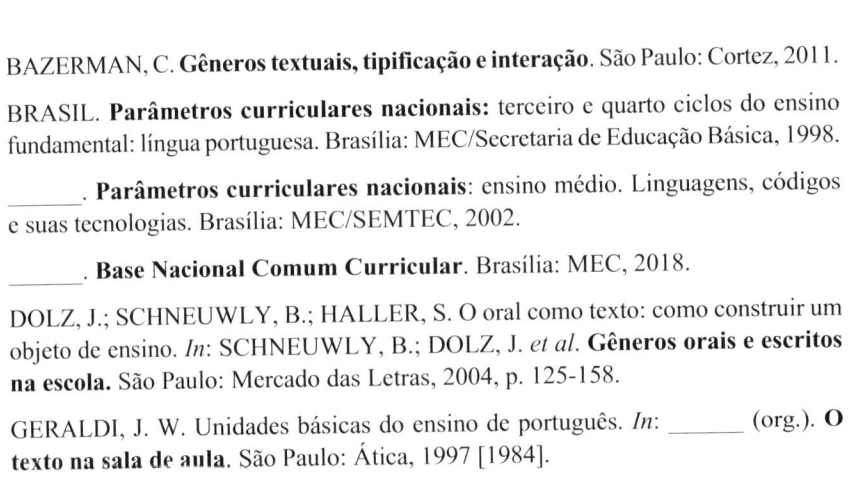

BAZERMAN, C. **Gêneros textuais, tipificação e interação**. São Paulo: Cortez, 2011.

BRASIL. **Parâmetros curriculares nacionais:** terceiro e quarto ciclos do ensino fundamental: língua portuguesa. Brasília: MEC/Secretaria de Educação Básica, 1998.

_____. **Parâmetros curriculares nacionais**: ensino médio. Linguagens, códigos e suas tecnologias. Brasília: MEC/SEMTEC, 2002.

_____. **Base Nacional Comum Curricular**. Brasília: MEC, 2018.

DOLZ, J.; SCHNEUWLY, B.; HALLER, S. O oral como texto: como construir um objeto de ensino. *In*: SCHNEUWLY, B.; DOLZ, J. *et al*. **Gêneros orais e escritos na escola**. São Paulo: Mercado das Letras, 2004, p. 125-158.

GERALDI, J. W. Unidades básicas do ensino de português. *In*: _____ (org.). **O texto na sala de aula**. São Paulo: Ática, 1997 [1984].

LUNA, E. Á. dos A. **Didática da oralidade na formação inicial do professor de português:** um olhar sobre documentos curriculares e discursos docentes e discentes de instituições de ensino superior. Tese (Doutorado) – João Pessoa: Universidade Federal da Paraíba, 2016.

MARCUSCHI, L. A. **Da fala para a escrita:** atividades de retextualização. São Paulo: Cortez, 2001.

MENDONÇA, M. Análise linguística no Ensino Médio: um novo olhar, um outro objeto. *In*: BUNZEN, C.; MENDONÇA, M. (org.). **Português no ensino médio e formação do professor**. São Paulo: Parábola Editorial, 2006, p. 199-226.

NÚÑEZ DELGADO, M. del P. Un aspecto básico para la didáctica de la lengua oral: El papel del lenguaje en la comunicación didáctica. **Lenguaje y Textos**, 16, 2000, p.155-172.

SACRISTÁN, J. G. **O currículo:** uma reflexão sobre a prática. 3. ed. Porto Alegre: Artmed, 2000.

SCHNEUWLY, B. Palavra e ficcionalização: um caminho para o ensino da linguagem oral. *In*: SCHNEUWLY, B.; DOLZ, J. *et al*. **Gêneros orais e escritos na escola**. São Paulo: Mercado das Letras, 2004, p. 109-124.

SUASSUNA, L. **Ensaios de pedagogia da língua portuguesa**. Recife, Editora Universitária da UFPE, 2006.

CAPÍTULO 6

RETEXTUALIZAÇÃO NA BASE NACIONAL COMUM CURRICULAR: DAS PROPOSIÇÕES ÀS ESTRATÉGIAS DIDÁTICAS PARA TRATAR DA RELAÇÃO FALA-ESCRITA

Tânia Guedes Magalhães
Débora Amorim Gomes da Costa-Maciel

INTRODUÇÃO

As pesquisas sobre oralidade e ensino de Língua Portuguesa têm crescido nos últimos anos, como podemos atestar nos trabalhos de Leal e Gois (2012), Bueno e Costa-Hübes (2015), Bilro e Costa-Maciel (2017), Magalhães e Cristovão (2018), dentre outros. Em várias dimensões, a oralidade, no contexto das práticas de escritas, tem sido tema abordada em manuais didáticos, na formação docente, nos documentos oficiais e em práticas pedagógicas.

Dialogando com as pesquisas de Swiderski (2012; 2015), Baumgärtner (2015), Ferraz e Gonçalves (2015), Rodrigues e Luna (2016), Magalhães e Carvalho (2018), que enfocam o eixo oralidade nos documentos oficiais para a educação, é atestada a presença de dimensões da oralidade indicadas para subsidiar o processo de aprendizagem da Língua Portuguesa, como produção oral, escuta/compreensão, retextualização, análise linguística, relações fala-escrita, dentre outros. Em diálogo com alguns desses trabalhos, podemos avançar, superando as lacunas ainda persistentes relativas às questões didáticas.

No que tange a produção oral, o trabalho deve se efetivar por meio de gêneros orais em situações que envolvam a preparação atenta para o contexto de produção, considerando os sujeitos envolvidos, os objetivos, os aspectos linguísticos, textuais e discursivos imbricados no evento. Quanto a escuta/compreensão da oralidade, que envolve uma atenção focada e ativa do(a) aluno(a) em aspectos, às vezes, pouco trabalhados nas escolas, como a multissemiose do evento de interação, é necessário tratar dos aspectos não verbais à produção oral, em busca da construção de sentido na integração de elementos, tais como: tom de voz, expressões faciais, aspectos corporais e distribuição das pessoas no ambiente do evento analisados, entre outros.

Por fim, consideramos que a análise da língua envolve uma constante e aprofundada reflexão sobre as práticas de oralidade, em que também se pode focalizar as relações fala-escrita, aspectos mais abordados neste capítulo, por meio da retextualização. Esta atividade que envolve, por exemplo, a transformação de textos no eixo oral-escrito propicia compreensão sobre léxico e adequação, sumarização de informações, coesão e coerência, bem como o processo de referenciação no discurso, alguns desses abordados aqui. Também é possível, nas atividades de análise da língua falada, contribuir com reflexões sobre formalidade da linguagem e pontuação, por exemplo.

Com vistas a contribuir com a temática dos documentos oficiais e suas relações com a sala de aula, no ensino de Língua Portuguesa nos anos iniciais, trazemos uma breve discussão acerca da retextualização na Base Nacional Comum Curricular (BNCC), considerando-a como uma dimensão do ensino da oralidade, abordando tal aspecto a partir das seguintes questões: para que ensinar retextualização? Qual capacidade discursiva podemos favorecer em nossos alunos(as) ao tratar dessa questão no contexto escolar? Quais as orientações da Base Nacional Comum Curricular para efetivar esse ensino? Estas questões norteiam a produção deste artigo, cujo objetivo é o de refletir sobre a retextualização na Base Nacional Comum Curricular/BNCC (BRASIL, 2018), com vistas a propor estratégia didática para o trato da relação fala-escrita no âmbito dos gêneros textuais/discursivos.

Podemos entender a retextualização como uma forma de transformação de textos, que pode se ocorrer na mudança de uma modalidade para outra (do oral para o escrito e/ou do escrito para o oral) e no contexto de uma mesma modalidade (do oral para oral e do escrito para o escrito). Embora seja uma ação corriqueira em nossa produção linguística diária, a retextualização não é um processo mecânico, uma vez que põe em jogo um conjunto de atividades complexas (MARCUSCHI, 2001). Neste texto, focaremos nas questões relacionadas à relação entre modalidades distintas, no contexto dos gêneros textuais/discursivos.

É importante que deixemos claro que retextualizar não é sinônimo de revisão, tampouco de reescrita. Estes são processos distintos, não intercambiáveis (BENFICA, 2013). Apoiadas em Benfica (2013, p. 31), consideramos que a "retextualização implica modificações profundas no texto, em função da alteração dos propósitos comunicativos ou dos gêneros envolvidos na atividade". Com a revisão e a reescrita o trabalho está direcionado ao aperfeiçoamento do mesmo texto, em busca de ajustá-lo à situação discursiva, "mantendo-se, portanto, inalterado o propósito comunicativo".

Dada a especificidade da retextualização, devemos considerar o seu potencial teórico-metodológico, uma vez que a Base Nacional Comum Curricular (2018) faz menção a essa ação, no contexto de gêneros acadêmicos/jornalísticos, e de atividades que podem ser desenvolvidas em sala de aula. Compreendemos que o tratamento da retextualização pode favorecer reflexões acerca das relações entre as modalidades da língua oral e escrita no contexto dos gêneros, contribuir com a ampliação das habilidades linguísticas, ligadas, por exemplo, à ação de repassar a alguém o que outra pessoa nos falou, de dizer a alguém de outra maneira o que alguma pessoa nos contou, de adequar sistematicamente modalidades, variações de registro, gêneros textuais/discursivos, níveis linguísticos e estilos.

Uma vez que estamos tratando da retextualização na BNCC, é necessário que situemos este documento, que em sua essência, busca definir um conjunto orgânico e progressivo de aprendizagens essenciais que todos os alunos devem desenvolver ao longo das etapas e modalidades da Educação Básica, de modo a que tenham assegurados seus direitos de aprendizagem e desenvolvimento (BRASIL, 2018, p. 8).

Toda a sua proposta sinaliza para os preceitos do Plano Nacional de Educação (BRASIL, 2014), documento que determina diretrizes, metas e estratégias para a política educacional no período de 2014 a 2024.

A partir do nosso olhar sobre a retextualização na Base, e das intenções aqui descritas, organizamos este artigo da seguinte forma. Na primeira parte, discutiremos a respeito do processo de retextualização no âmbito da relação fala/escrita, considerando que esse movimento acontece no contexto dos gêneros produzidos em ambas as modalidades da língua. Em seguida, mostramos de forma analítica como a retextualização é abordada na BNCC para, então, trazer encaminhamentos didáticos a respeito de um conjunto de atividades que poderão favorecer transposição do conceito de retextualização na educação básica. Por último, faremos algumas considerações finais.

METODOLOGIA

Em busca de atingir o objetivo proposto nesse trabalho, direcionamos nosso olhar, inicialmente para a Base Nacional Comum Curricular (BRASIL, 2018) a fim de enxergar como o referido objeto se localiza no âmbito de um dos mais atuais documentos oficias apresentado para nortear o currículo da educação básica e, por sua vez, as práticas docentes.

Em seguida, elaboramos um conjunto de atividades, tanto com base em nossa experiência de ensino na escola básica, quanto com base em nossa prática de formação docente, endereçadas a transpor a retextualização do âmbito teórico para o campo da didatização. Tais propostas visam dialogar qualitativamente como o universo das demandas da sala de aula e buscam o engajamento do(a) professor(a), no sentido de adaptá-las a diferentes realidades de grupos-salas.

A partir da proposição de um conjunto de atividades, procedemos a uma transposição didática, no sentido de transformar um saber apregoado nos documentos oficiais em um conteúdo a ser ensinado. Ou seja, operarmos um conjunto de transformações que tornam o saber produzido nas universidades em um objeto didático (CHEVELLARD, 1991).

A partir desse cenário metodológico, encaminhamos nosso olhar para os fundamentos teóricos que aportam este artigo, bem como para o campo documental, que guiado pela teoria, desenham a reflexão com a qual nos comprometemos.

RETEXTUALIZAÇÃO: REFLEXÕES TEÓRICAS

A perspectiva que trazemos para este trabalho é a de ensino de oralidade e sua relação com a escrita, que aborda o ensino sistematizado de aspectos da fala em situações de comunicação autênticas criadas na escola em interface com outros contextos extraescolares. Nesse sentido, as concepções de gêneros orais e aspectos da relação fala e escrita são potenciais para a escolarização dos gêneros.

De acordo com Marcuschi (2001), fala e escrita são modalidades de uso da língua e oralidade e letramento são as próprias práticas sociais que envolvem tais modalidades. Tomando a oralidade como eixo do ensino, as aulas de língua portuguesa devem enfocar atividades explícitas e sistematizadas, que avancem não apenas no uso, por meio de gêneros orais integrados a situações geradas a partir de temáticas relevantes, mas no reconhecimento de suas múltiplas funções e características na construção de sentidos, em que se produz posicionamentos respeitosos e ativos. Assim, saber ouvir, saber se posicionar, esperar a vez de falar, construir sentido para a fala dos outros e posicionar-se, pesquisar temáticas dentre outros são tarefas frutíferas para a escola contemporânea.

As modalidades oral (fala) e escrita (gráfica) são "práticas de usos da língua com características próprias, mas não suficientemente opostas para caracterizar dois sistemas linguísticos nem uma dicotomia" (MARCUSCHI, 2001, p. 17). Podem ser comparadas sem reduzi-las à superioridade ou inferioridade, mas a partir do seu potencial nos contextos sociais (MARCUSCHI, 2001). Ao serem relacionadas em sala de aula, devemos observar o contexto e os propósitos comunicativos. Essa lente de observação é mediada pela perspectiva de *"continuum* tipológico dos gêneros textuais" (MARCUSCHI, 2001, p. 42) para evidenciar a interação entre as modalidades. No *continuum*, portanto, consideramos os protótipos de textos formais e informais.

> O contínuo dos gêneros textuais distingue e correlaciona os textos de cada modalidade (fala e escrita) quanto às estratégias de formulação que determinam o contínuo das características que produzem as variações das estruturas textuais-discursivas, seleções lexicais, estilo, grau de formalidade etc., que se dão num contínuo de variações, surgindo daí semelhanças e diferenças ao longo de contínuos sobrepostos (MARCUSCHI, 2001, p. 42).

Considerando tais preceitos básicos, defendemos que as práticas de oralidade na escola devem envolver algumas dimensões a fim de realmente cumprir com o objetivo de ampliação das capacidades de linguagem dos(as) alunos(as), envolvendo a produção oral dos mais diversos gêneros, a escuta ativa (compreensão do texto oral), as práticas de análise linguística da oralidade, em seus aspectos multissemióticos, aos quais os sujeitos lançam mão para construir significado.

No que se refere mais especificamente à temática deste capítulo, tal como apontamos na introdução deste artigo, a retextualização é um "processo que envolve operações complexas que interferem tanto no código como no sentido e evidenciam uma série de aspectos nem sempre bem compreendidos na relação oralidade-escrita" (MARCUSCHI, 2001, p. 46). Para o autor, essa ação ocorre usualmente de forma "automatizada, mas não mecânica, que se apresentam como ação aparentemente não-problemática", tendo em vista que "lidamos com elas o tempo todo nas sucessivas reformulações dos mesmos textos, numa intrincada variação de registros, gêneros textuais, níveis linguísticos e estilos (MARCUSCHI, 2001, p. 48).

A retextualização é considerada um procedimento potencial para promover a visibilidade da relação entre fala e escrita, indissociáveis nas situações de comunicação. Ela se configura, como a elaboração de um texto novo, tendo como referência um ou mais textos-base, implicados em conjuntos diferenciados de operações, que compreende "estratégias linguísticas, textuais e discursivas identificadas no texto-base para, então, projetá-las tendo em vista uma nova situação de interação, portanto um novo enquadre e um novo quadro de referências" (MATENCIO, 2003, p. 3-4). Para Marcuschi (2001, p. 70), não é uma tarefa fácil precisar os limites entre os aspectos linguísticos-textuais-discursivos-cognitivos, mas que para ele, "é muito mais uma gradação que uma separação", ou talvez uma distinção "apenas metodológica, pois é duvidoso que possamos realizar uma sem a outra" (MARCUSCHI, 2001, p. 71).

A retextualização operada entre as modalidades não está deslocada de uma reflexão sobre os gêneros textuais/discursivos, - entendidos aqui como **instrumento** (SCHNEUWLY, 2004, p. 27). A retextualização é estabilizada por vários subsistemas semióticos (sobretudo linguísticos, mas também paralinguísticos), que permite, a um só tempo, a produção e a compreensão de textos. É no âmbito dos gêneros que operamos a retextualização e produzimos um novo texto.

Para Costa-Maciel e Barbosa (2017, p. 43-44), ao produzirmos textos, sejam eles escritos ou orais, engajamo-nos em atividades complexas dentre as quais podemos ressaltar a escolha sobre o que escrever/falar, para quem escrever/falar, quando escrever/falar, onde escrever/falar, "o que impõe considerar o gênero textual escrito ou oral como ferramenta que propiciará as condições necessárias a uma interação efetiva quer seja na escrita, quer seja na oralidade". No processo de retextualização o conjunto das dimensões atreladas às condições de produção também estão em jogo. Essa é uma dinâmica condicionada pelo propósito comunicativo, o projeto de dizer, a intencionalidade, o objetivo de uma argumentação estrategicamente elaborada, com propósitos bem definidos, é por isso que Marcuschi (2001, p. 71) adverte que a "retextualização é perigosa".

No âmbito didático, Neto e Santos (2017) e Félix e Barros (2012) tomam a retextualização como estratégia de ensino para a passagem de textos da oralidade (entrevistas) para a escrita em contextos escolares específicos: parte-se de temática relevante para os jovens e propõem-se ações pertinentes aos estudantes (discutir uma temática, pesquisar, entrevistar pessoas especialistas, divulgar o resultado); nestas atividades, são sistematizadas questões de linguagem que se relacionam às produções orais e escritas, à construção de sentido e à circulação dos textos no processo de aprendizagem. Em propostas relevantes como essas, os discentes percebem características dos gêneros orais e escritos e suas funcionalidades e relações com o contexto de uso, além de poderem fazer reflexões sobre usos situados da fala e da escrita e perceber as relações (mais que as diferenças) entre as modalidades e sua necessária dependência do contexto de uso, contrários à perspectiva das dicotomias.

Nesse sentido, ainda que o processo de retextualização seja comum no nosso cotidiano (em aulas, reuniões, em relações comerciais, dentre outros), pode-se fazer com que os(as) alunos(as) rompam com o mito de que a fala se relaciona à informalidade e a escrita à formalidade. É também possível produzir síntese (percebendo conscientemente seu processo de construção – redução – de textos), discutir adequação vocabular e, ainda, avaliar o grau de consciência linguística dos alunos (de gêneros orais e/ou escritos).

Dada a especificidade e a relevância da retextualização no campo teórico-metodológico, seguiremos para a análise de tal temática na Base Nacional Comum Curricular (2018), documento legitimado pelo Estado Brasileiro para reger a educação básica do país; em seguida, apresentaremos um conjunto de atividades que podem auxiliar você professor(a) a tratar da retextualização com o seu grupo-sala.

RETEXTUALIZAÇÃO NA BASE NACIONAL COMUM CURRICULAR

A BNCC apresenta-se como um documento de referência para que os estados e municípios elaborem seus próprios programas curriculares alinhados a princípios comuns, que são competências gerais da Educação Básica que se desdobram para as três etapas da Educação. Em vista de sua importância, sua análise, por diferentes sujeitos em diversificadas vertentes teórico-metodológicas, torna-se imprescindível para contribuir com a construção de novos currículos e práticas escolares adequadas à formação cidadã.

No tocante ao ensino de Língua Portuguesa, a BNCC retoma as concepções dos Parâmetros Curriculares Nacionais (BRASIL, 1996 e 1997) ressaltando a necessidade de uma perspectiva enunciativa e discursiva de linguagem para o tratamento didático dos fenômenos linguísticos. A BNCC defende como objetivo do ensino de Língua Portuguesa "a ampliação das possibilidades de participação em práticas de diferentes esferas/campos de atuação" (BRASIL, 2018, p. 67), para a qual o conhecimento sobre os gêneros é fundamental, em benefício do desenvolvimento de capacidades relativas à leitura, produção e tratamento da linguagem.

Mais especificamente no que se refere ao trabalho com a oralidade, estudos anteriores, dos quais destacamos o trabalho de Jacob, Diolina e Bueno (2018) e Bueno, Jacob e Zani (2018), enfocaram as seções relativas tanto aos anos iniciais quanto aos finais do Ensino Fundamental no eixo da oralidade. As considerações das autoras, entre outras, revelam que o trabalho com a oralidade não contempla todas as dimensões dos gêneros orais; também mostram que há poucos gêneros indicados para que tenhamos, realmente, uma formação cidadã na escola. Dialogamos também com Záttera, Swiderski e Magalhães (2019) para quem a BNCC propicia maior visibilidade a aspectos extralinguísticos das interações por meio de gêneros textuais.

Na BNCC, a retextualização é encontrada em momentos pontuais. Toda a discussão está direcionada ao desenvolvimento de habilidades no uso da Língua Portuguesa, para alunos(as) de 8º e 9º ano. Vejamos:

Quadro 1 – Retextualização na BNCC

Seção da BNCC Campos de Atuação	Trecho	Pág.
Leitura	(EF69LP33) Articular o verbal com os esquemas, infográficos, imagens variadas etc. na (re)construção dos sentidos dos textos de divulgação científica e retextualizar do discursivo para o esquemático – infográfico, esquema, tabela, gráfico, ilustração etc. – e, ao contrário, transformar o conteúdo das tabelas, esquemas, infográficos, ilustrações etc. em texto discursivo, como forma de ampliar as possibilidades de compreensão desses textos e analisar as características das multissemioses e dos gêneros em questão.	151
Análise linguística/ semiótica	(EF69LP43) Identificar e utilizar os modos de introdução de outras vozes no texto – citação literal e sua formatação e paráfrase –, as pistas linguísticas responsáveis por introduzir no texto a posição do autor e dos outros autores citados ("Segundo X; De acordo com Y; De minha/nossa parte, penso/amos que"…) e os elementos de normatização (tais como as regras de inclusão e formatação de citações e paráfrases, de organização de referências bibliográficas) em textos científicos, desenvolvendo reflexão sobre o modo como a intertextualidade e a retextualização ocorrem nesses textos.	155

Fonte: Base Nacional Comum Curricular (2018)

Os fragmentos relevam o olhar da BNCC para operações metodológicas a serem desenvolvidas com a ação da retextualização, distribuídas em dois eixos: Leitura e Análise Linguística/Semiótica.

Na primeira ocorrência, a proposta é lançada em um contexto de gêneros textuais/discursivos da esfera de divulgação científica – "infográfico, esquema, tabela, gráfico, ilustração etc" (BRASIL, 2018, p. 151), que circulam em textos acadêmicos, jornais, revistas, livros didáticos, telejornais etc. O conjunto de gêneros citados pela BNCC (2018) une textos verbais e imagens para explicar fatos, fenômenos, processos, estratégias, objetos, dentre outros. Atuam com função de explicar e apresentar informações fundindo imagem e texto verbal, sintetizando as informações em mais de um sistema semiótico (MENDONÇA, 2008).

O objetivo da retextualização é o de "ampliar as possibilidades de compreensão desses textos e analisar as características das multissemioses e dos gêneros em questão" (BRASIL, 2018, p. 151). Portanto, vemos o foco na compreensão leitora dos textos e nas especificidades de gêneros multimodais, ou seja, um olhar direcionado para aspectos cognitivos, linguísticos, textuais e discursivos (MARCUSCHI, 2001). Parece haver uma preocupação em ampliar no(a) aluno(a), a partir da leitura de imagens e textos, as habilidades de síntese e de clareza na exposição.

A segunda ocorrência da temática retextualização também parece sintonizada com as produções no contexto da esfera de gêneros apresentadas na primeira ocorrência. Vemos, em um primeiro momento, o olhar para as questões atreladas ao trato com as vozes alheias, sejam elas empregadas a partir de uma "citação literal" ou uma "paráfrase". No caso da citação direta (citação literal), não caberia uma reflexão sobre retextualização, já na citação indireta (paráfrase), será necessário se pensar como usar uma voz de autoridade (se for o caso), sem incorrer em plágio. Portanto, será necessário retextualizar, respeitando as vozes empregadas para dar credibilidade ao texto.

A BNCC também busca desenvolver, no âmbito da retextualização, a observação para o emprego das diferem vozes "segundo X; de acordo com Y", inclusive a do próprio autor(a) do texto "de minha/nossa parte, penso/amos que". São pistas linguísticas responsáveis por introduzir a posição do(a) autor(a) e dos(as) outros(as) autores(as) citados(as) direta ou indiretamente.

O documento traz uma preocupação com a formatação, dimensão regulamentada pela Associação Brasileira de Normas Técnicas (ABNT), e com outros aspectos da normatização "regras de inclusão e formatação de citações e paráfrases, de organização de referências bibliográficas" (BRASIL, 2018, p. 155).

Pelo que compreendemos, a Base Nacional, ainda que dialogue com práticas reais de uso da língua, faz uma abordagem reduzida da retextualização, em momentos pontuais, contrapondo-se ao seu caráter potencial para promover reflexão linguística sobre a relação oral – escrito na escola. Nesse sentido, trazemos, na próxima seção, uma proposta que visa ser mais a uma sugestão de trabalho do que um modelo, que pode ser realizada na escola com vistas a fugir de práticas descontextualizadas de reflexão sobre a língua. Trata-se de uma sugestão que poderá ser adaptada para diferentes realidades, de modo a atender as demandas vivenciadas pelos(as) professores(as) em sala de aula.

RETEXTUALIZAÇÃO: PROPOSIÇÕES DIDÁTICAS

Questões de transposição de conhecimentos científicos para a sala de aula constituem-se, para nós, ainda, um entrave no cotidiano do trabalho docente. Por isso, trazemos, para este capítulo uma proposta de atividade para 4º ou 5º anos do Ensino Fundamental, envolvendo o campo "artístico-literário" e "práticas de estudos e pesquisas"[1]. Trata-se de um conjunto de atividades que envolve diversos gêneros, para os quais o(a) professor(a) pode ampliar e sistematizar com o grupo-sala, já que enfocamos, aqui, as questões de retextualização, considerando encaminhamentos que discutam, sobretudo, a relação fala e escrita.

Na proposta a seguir, teremos como mote a temática "Meio Ambiente", tendo em vista a sua abrangência e capacidade de dialogar com todos os componentes curriculares, nos diferentes anos escolares.

---

[1] Campos menos contemplados no eixo da oralidade, segundo Záttera, Swiderski e Magalhães (2019)

Quadro 2 – Proposta de atividade com a temática "meio ambiente"

	Atividade	Desdobramentos	Aspectos da fala e da escrita
1	– Discussão sobre a pertinência da temática do Meio Ambiente (identificar algo na escola, no bairro, no noticiário da TV, em *sites/blog/* redes sociais etc.). – Refletir sobre o papel da temática para a vida da população. – Selecionar pontos da temática que podem ser debatidos pelo grupo-sala. Exemplo: lixo, agrotóxico, sustentabilidade, destruição dos manguezais, aterramento de regiões aquíferas para a expansão imobiliária...	Elaborar em sala a proposta de um Projeto Didático sobre a temática.	– Conversar informalmente em sala, escutando e respeitando os turnos de fala. – Apresentar pontos de vista variados sobre a temática (concordar ou discordar oralmente, justificando o posicionamento).
2	Leitura de obra literária que aborde o tema. Como sugestão, pode ser trabalhado o livro "Chapeuzinho Vermelho e o Lobo-guará", de Ângelo Machado; "Criança da Amazônia", de Maurício Veneza; "A Última Gota", de J. L. Machado. São obras que exploram direta ou transversalmente a questão da Meio Ambiente.	Leitura individual ou coletiva. Pode ser realizada na biblioteca ou em sala de aula, mediada pelo(a) professor(a).	Oralização da escrita e uso de recursos da oralidade: treinamento de entonação, ritmo, volume dependendo da audiência, expressão corporal (exploração dos recursos extralinguísticos e paralinguísticos).
3	Escuta ativa: exibição de filme sobre a temática (sugestão: "Rio"; curta-metragem "Poluição dos Rios"[2]; Desenho animado "Peixonauta – o caso da garrafa plástica"[3]).	Escuta ativa – observar atentamente como cada filme explora a temática, bem como as possíveis soluções encontradas para a resolução dos problemas.	Relacionar a temática ao projeto e à leitura literária feitas anteriormente.

---

2 Curta-metragem "Poluição dos Rios" https://www.youtube.com/watch?v=vFHuLrd2ft0.
3 "Peixonauta – o caso da garrafa plástica" https://www.youtube.com/watch?v=9uwZHC-ui_Y.

4	– Leitura de texto científico sobre a temática: sugerimos a entrevista: "De olho no meio ambiente", com o biólogo Mário Moscatelli[4]. – Recomendamos a leitura de outros artigos que exploram a temática, disponíveis na Revista Ciências Hoje da Criança[5].	Anotação dos principais pontos destacados na entrevista.	Relacionar a temática discutida na leitura literária; nos filmes e o conteúdo da entrevista (essa junção de informações serve como preparação para a entrevista que sugerimos na etapa seguinte).
5	Produção de roteiro escrito para "entrevista de especialista" sobre a temática do Meio Ambiente. Pode-se assistir a uma entrevista antes para sensibilizar os(as) alunos(as) sobre as características do gênero.	O(a) entrevistado(a) pode ser um(a) professor(a) de Ciências biológicas da própria escola, um(a) funcionário(a) da prefeitura, membros de ONGs, dentre outros.	– Elaborar perguntas. – Adequar as perguntas ao contexto (entrevistado, tempo, espaço onde será realizada); observância sobre os diferentes níveis de formalidade. – Preparar a entrevista: refletir sobre o momento de interagir ativamente escutando e se posicionando sobre a temática.
6	Realizar a "Entrevista com o especialista".		– Atividade de escuta ativa: tomar notas e audiogravar; respeitar o turno de fala; realizar perguntas; argumentar; contra-argumentar; respeitar os turnos conversacionais etc.
7	Transformar (pequenos) trechos da entrevista oral em texto escrito.	Produção de folheto informativo sobre a temática, a ser divulgado com o público escolar. Percepção das relações fala e escrita, sobretudo a adequação da fala ao novo gênero, o folheto.	– Retextualizar da fala para a escrita. – Trazer fragmentos literais da fala do(a) entrevistado(a).

---

4 Entrevista "De olho no meio ambiente" http://chc.org.br/de-olho-no-meio-ambiente-2/.
5 Revista Ciência Hoje da Criança: http://chc.org.br/.

8	Produção de um tutorial em vídeo sobre problemas ambientais do bairro, suas consequências e formas de combatê-los (duração do tutorial: de 30 segundos a 2 minutos).	Construir as instruções a partir de todas as atividades anteriores: leitura literária, escuta do filme, entrevista com especialista.	– Plano do tutorial: apresentação pessoal, abertura (hoje vamos falar sobre...), dicas (instruções), fechamento (se vai haver outro vídeo, se este é único, se há canal da escola). – Circular no *Whastapp* ou canal da escola.
9	Circulação final em três opções: Opção 1) Produção de um mural na escola sobre a temática (com a distribuição do folheto da etapa anterior).	Explorar as características multissemióticas do gênero em questão: mural.	– Treinar a apresentação, para construir segurança. – Apresentar do mural para a comunidade escolar.
	Opção 2) Construção de um infográfico[6] a partir das informações obtidas na elaboração do tutorial com circulação em página da escola (*Facebook*, *blog*, etc).	Explorar as características multissemióticas dos gêneros em questão (tutorial e infográfico).	– Retextualizar trechos do oral (tutorial) para o escrito (infográfico).
	Opção 3) Circulação de um *banner* numa feira da escola[7].		– Praticar a exposição oral. – Produzir suporte para orientar a apresentação.

Fonte: as autoras.

A exploração da temática meio ambiente oportuniza o desdobramento de microtemas que podem ser explorados pelos(as) alunos(as) nas atividades em pequenos grupos como, por exemplo, "lixo, agrotóxico, sustentabilidade, destruição dos manguezais, aterramento de regiões aquíferas para a expansão imobiliária", dentre outros que podem ser ampliados para o melhor conhecimento da temática. Ao pôr em ação a proposta, há oportunidade de o aluno(a) interagir com um conjunto de gêneros variados na oralidade e na escrita, de forma integrada, cujo propósito é refletir sobre a língua através da retextualização. Dente esses gêneros, destacamos a apresentação oral, a entrevista, a narrativa literária, o folheto e o tutorial. Como há opções diferentes para finalização

---

6   Apresentamos uma sugestão no anexo.
7   Pode ser feito o leiaute no programa *PowerPoint* e impresso em gráfica, com custo médio, ou pode ser feito em papel pardo, como impressão de folhas A4 do conteúdo veiculado.

do trabalho, o *banner*, o infográfico ou o mural ficam como sugestões a serem adaptadas às diferentes realidades escolares.

A partir desta proposição, escolhemos alguns desses aspectos da oralidade e da retextualização indicados no trabalho para exemplificar por meio das reflexões abaixo.

ATIVIDADE DE ESCUTA ATIVA E RETEXTUALIZAÇÃO

A escuta ativa, como procedimento didático, pode propiciar reflexões sobre a língua. A partir do estudo de Alvim (2015) e Alvim e Magalhães (2018), definimos a escuta ativa como uma

> atividade escolar de interação com gêneros orais, proposta por mediação pedagógica do professor, para análise de uma situação realizada pela fala, que vá além da identificação de temas e participantes, cujos objetivos são: 1) compreender gêneros orais (ou escrita oralizada); 2) analisar gêneros orais; 3) aprender a escutar: analisar comportamentos e participações nas interações orais; 4) compreender o funcionamento de gêneros orais com vistas à participação social; 5) tomar notas; e 6) retextualizar e analisar a relação oral escrito a partir da transcrição (ALVIM; MAGALHÃES, 2018, p. 116).

Com base nessa proposição, trazemos aqui alguns exemplos que podem esclarecer e auxiliar a produção de conhecimento nas atividades de retextualização sugeridas na sequência de trabalho acima.

A produção de uma atividade de escuta diz respeito à criação de questões tanto sobre o conteúdo trabalhado, o que geralmente já é feito pelos(as) professores(as), mas também às questões da interação pela oralidade, que provoca uma análise dos elementos multissemióticos de forma integrada, ou seja, tanto os aspectos do texto verbal quanto dos não-verbais (elementos extralinguísticos) auxiliam a compreensão do texto.

Ao assistir a uma entrevista antes de produzir uma (etapa 5 da proposta acima), indica-se que sejam feitas questões sobre aspectos geralmente não abordados, o que é um diferencial na compreensão do texto. Por exemplo, no trabalho de Alvim (2015)[8], em um projeto de criação de uma cartilha, realizado com alunos(as) do 3º ano do Ensino Fundamental, os(as) estudantes foram sensibilizados a perceber elementos da interação oral para realizar uma entrevista com um vereador da cidade, que se disponibilizou a ir à escola e, em seguida, uma retextualização dos aspectos abordados na entrevista para a construção da cartilha.

Antes de assistirem a diferentes entrevistas, a professora ativou o conhecimento dos discentes, antecipando a presença de determinadas palavras e conteúdos. Após assistirem à entrevista, a docente destacou aspectos da oralidade considerando questões como as que trazemos abaixo, reduzidas, apenas para efeito de exemplificação. Tais questões podem ser feitas em forma de exercício escrito, caso se decida por maior sistematização dos aspectos abordados.

Quadro 3 – Questões da escuta ativa

a) Quem são as pessoas presentes na entrevista?	Destaque para quem são os participantes de uma interação oral, por qual razão são entrevistados – no nosso caso, um especialista no assunto.
b) É possível ouvir bem a voz de todos os participantes?	Destaque para os dispositivos e tecnologias utilizadas em uma entrevista: microfone, câmera etc.
c) Há algum som que interfere na produção dos participantes?	Ressaltar aspectos exteriores, caso a entrevista tenha sido feita ao ar livre, como barulho de carros, ou se foi propositalmente filmada em lugar fechado, um estúdio, evitando, assim, interferências.
d) O posicionamento dos participantes, bem como suas posturas corporais, expressões faciais, gestos, são condizentes com a temática abordada?	Destacar se os participantes pareciam alterados, nervosos; se as expressões faciais são adequadas e condizentes com a temática abordada na entrevista.

---

8   Para detalhes sobre o projeto, ver Alvim (2015), Alvim e Magalhães (2016) e Alvim e Magalhães (2018).

e) A entrevista parece preparada ou improvisada?	Destaque para presença ou ausência de aspectos como uso excessivo de alongamentos, muitas correções na fala, longas pausas, uso excessivo de hesitações, o que demonstrariam, possivelmente, falta de domínio da temática; ao contrário, uma fala sem tais marcas parece revelar maior domínio do tema.

Fonte: As autoras (reformulado de Alvim, 2015).

No momento de criar as perguntas, a professora faz uma série de adequações à situação formal da entrevista, refletindo com as crianças sobre a necessidade de modificar o vocabulário, a ordem das palavras, bem como acrescentar informações para ser mais claro. Assim, na retextualização das perguntas orais sugeridas pelos estudantes em sala para um roteiro final de perguntas escritas, que seriam feitas para o entrevistado, foram feitas diversas modificações, seguidas de reconstruções orais em sala com os(as) alunos(as).

Quadro 4 – Retextualização de parte das perguntas para produção de entrevista coletiva

Perguntas feitas oralmente (preparação)	Perguntas retextualizadas do roteiro escrito final
Por que você teve essa ideia de criar a regra do lixo?	O que levou o senhor a ter a ideia de criar uma lei que pune quem joga lixo nas ruas de nossa cidade?
Quando você teve essa ideia de querer arrumar o meio ambiente para todo mundo? O que fez você pensar assim?	O que fez o senhor pensar nessa ideia de criar uma lei que contribuísse para a melhoria do meio ambiente de nossa cidade?
Você gostou dessa ideia?	O senhor está satisfeito com a criação da lei do lixo em nossa cidade?
Como você se sente arrumando as ruas e fazer as pessoas respirarem melhor?	Como o senhor se sente podendo auxiliar na manutenção de ruas e de ambientes mais limpos?
Alguém já foi preso?	O senhor sabe nos informar se há um número grande de punições já aplicadas? Como estão funcionando essas punições?

Fonte: Reformulado de Alvim (2015).

Após realizarem a entrevista, no caso da experiência retratada, os(as) alunos(as) assistiram a trechos da gravação para fazerem uma reflexão sobre a passagem de uma entrevista oral para um texto escrito e iniciar a retextualização dos trechos selecionados para compor outro gênero, integrando o projeto maior.

Quadro 5 – Retextualização de trecho da entrevista coletiva

Reflexão sobre trecho da entrevista	Trecho retextualizado
Observe que no momento em que o vereador estava perguntando os nomes, para alguns, depois que a dinâmica começou, ele apenas olhava na sequência, ou seja, depois que perguntou o nome da Rayssa, por exemplo, apenas olhou para o Miguel e os demais. Se fosse um texto escrito seria possível verificarmos esse aspecto? Como poderíamos passar esta cena para um texto escrito?	Jucélio, o vereador, inclinou o corpo, olhou para o aluno seguinte e colocou a mão na orelha para tentar escutar melhor e compreender o nome dos próximos alunos.

Fonte: As autoras (reformulado de Alvim, 2015).

Por fim, os(as) estudantes continuam a realizar as retextualizações com a professora em sala de aula. Os trechos abaixo são partes da entrevista transcritas, levadas para a sala para que os(as) alunos(as), ao transformarem seções da entrevista para produzirem a cartilha educativa, pudessem refletir sobre os usos sociais da Língua Portuguesa. Abaixo, no quadro 6, reproduzimos um trecho da entrevista, transcrita pela professora para reflexão em sala.

Quadro 6 – Trecho da entrevista coletiva original transcrita

Jucélio:	Mas cumé que a gente cria leis? Andando pela cidade, porque eu sou cidadão, você é cidadão, todos nós somos cidadãos. Ao andar pela cidade, andar pelos bairros de Juiz de Fora, a gente percebe que as pessoas jogam coisas pela rua. Já viram adulto fumando?
Alunos(as):	Jááá
Jucélio:	Eles terminam de fumar, o que que eles fazem com...
Letícia:	Jogam no chão.

Jucélio:	Jogam no chão. Quando a gente vai na cidade ou mesmo quando a gente sai da escola, ou vai para a rua, a casa da gente ou até mesmo aqui mesmo na escola quando a gente come a merenda lá no recreio, todo mundo joga o que sobra no lixo?
Alunos(as):	Siiiiiim. Eu jogo, eu jogo...
Jucélio:	Mas, tem gente que não faz isso. Chupa uma bala, chupa um picolé, come uma pipoca, toma um refrigerante e joga tudo na rua. Que que acontece com isso que é jogado na rua?
Miguel:	Vai pro esgoto.
Jucélio	Vai pro esgoto. Entope aquilo que a gente chama de que? Boca, boca, boca de lobo lá na rua. Que que é a boca de lobo? Aquele buraco que tem uma gradezinha que tem perto das calçadas que na hora que chove, a água para não encher as ruas e não ir pras casas, tem que ir pra ali.
Letícia:	Vai descendo.
Jucélio:	Mas, jogando isso tudo na rua, quando vier a chuva, vai ter um lugar para água ir embora?
Alunos(as):	Nãããão!!

Fonte: As autoras (reformulado de Alvim, 2015).

Já no quadro 7 abaixo, temos um exemplo de como a professora retextualiza o trecho com os(as) estudantes, que vão sugerindo, na sala de aula, novas formas de escrever o texto e, posteriormente, utilizá-las em uma outra produção final, em texto que teria circulação social ao final do projeto. Neste processo, todo o texto é reformulado: as informações são aproveitadas de acordo com o objetivo do outro texto que será produzido; no caso de nossa proposta deste capítulo, seria um mural, um infográfico ou um *banner*.

Quadro 7 – Trecho da entrevista e da retextualização

Trechos da entrevista coletiva transcrita	Trechos retextualizados e aproveitados para outra produção escrita
Jogam no chão. Quando a gente vai na cidade ou mesmo quando a gente sai da escola, ou vai para a rua, a casa da gente ou até mesmo aqui mesmo na escola quando a gente come a merenda lá no recreio, todo mundo joga o que sobra no lixo?	Quando vamos ao centro da cidade, ou quando estamos saindo da escola, ou apenas andando na rua, devemos jogar as sobras dos nossos lanches no lixo. Quando uma pessoa chupa uma bala ou um picolé, come uma pipoca ou algo semelhante e joga o restante na rua, este lixo vai para o esgoto. A "boca de lobo", que é um buraco com grade para coletar água de chuva, entope, impedindo que a água passe e inundando a cidade.
Mas, tem gente que não faz isso. Chupa uma bala, chupa um picolé, come uma pipoca, toma um refrigerante e joga tudo na rua. Que que acontece com isso que é jogado na rua?	
Vai pro esgoto. Entope aquilo que a gente chama de que? Boca, boca, boca de lobo lá na rua. Que que é a boca de lobo? aquele buraco que tem uma gradezinha que tem perto das calçadas que na hora que chove, a água para não encher as ruas e não ir pras casas, tem que ir pra ali.	
Vai descendo.	
Mas, jogando isso tudo na rua, quando vier a chuva, vai ter um lugar para água ir embora?	
Nããããoo!!	

Fonte: As autoras (reformulado de Alvim, 2015).

Conforme vimos acima no tratamento da retextualização, no caso da entrevista o revezamento entre entrevistadores e entrevistado é retirado, bem como todo o texto é refeito, eliminando principalmente as repetições; as informações são reduzidas, condensadas. Neste processo, é preciso proceder a diferentes transformações, como nominalizações, substituição de palavras, sumarização de informações, ou seja, vários aspectos de referenciação são tematizados, de forma a termos um novo texto. Reestruturamos também sintaticamente o texto, produzindo nova pontuação para ele, o que permite uma interessante proposta de escrita para os alunos em formação.

Na passagem do oral para o escrito, há alguns fenômenos produzidos na fala em interação que devem ser eliminados, no caso de produção de um texto mais formal, como o folheto, o *banner* ou o infográfico aqui sugeridos. São elas as hesitações, as onomatopeias, as repetições e a redundância, os pronomes egóticos. É possível também, com a produção de uma atividade de transformação de textos em modalidades diferentes, a eliminação ou a produção de uma pontuação adequada ao gênero, a reconstrução de estruturas truncadas e a reordenação sintática, a produção de concordâncias verbais e nominais (e a reflexão sobre o porquê de sua correção, considerando questões de variação linguística) e o tratamento estilístico com seleção de novas opções léxicas de acordo com o contexto de produção.

CONSIDERAÇÕES FINAIS

Neste capítulo, refletimos sobre a retextualização na Base Nacional Comum Curricular, discutindo os trechos do documento que tematizam o fenômeno da retextualização, bem como propondo encaminhamentos, no eixo da oralidade, em sua relação com a escrita, para a sala de aula dos anos iniciais do Ensino Fundamental.

É possível dialogar com as propostas da BNCC, apresentadas no quadro 1, em que se induz a "ampliar as possibilidades de compreensão desses textos e analisar as características das multissemioses e dos gêneros em questão". Assim, podemos produzir reflexões sobre como a retextualização ocorre e contribuir na construção de novos textos, com circulação social, já que o tema não é tratado de forma suficiente no documento.

O trato com a retextualização no âmbito dos gêneros textuais/discursivos oportuniza estratégias didáticas para pensar nas relações que as modalidades da língua estabelecem entre si no processo de construção de um novo texto e/ou de um novo gênero. Esse movimento envolve aspectos sociodiscursivos relativos ao gênero textual/discursivo; ao suporte de circulação, as formas de acesso aos(as) destinatários(as), as questões multissemióticas, ortográficas, normativas etc.

Esperamos que ao trazer essa breve discussão, ofertemos ao(a) professor(a) um caminho de oportunidades para ampliar as capacidades de uso da Língua Portuguesa numa perspectiva discursiva, favorecendo momentos de reflexão sobre a linguagem.

REFERÊNCIAS

ALVIM, V. T. **Práticas de oralidade no ensino fundamental**: caraterísticas e funções das atividades de escuta. Dissertação (Mestrado em Educação) – Universidade Federal de Juiz de Fora. 2015.

ALVIM, V. T.; MAGALHÃES, T. G. Oralidade na escola: características e funções das atividades de escuta. *In*: CYRANKA, L.; MAGALHÃES, T. G. (org.). **Ensino de linguagem**: perspectivas teóricas e prática pedagógica. 1. ed. Juiz de Fora: Editora da UFJF, 2016, v. 1, p. 101-120.

ALVIM, V. T.; MAGALHÃES, T. G. Oralidade na escola: a escuta ativa como procedimento didático no ensino de Língua Portuguesa nos anos iniciais do Ensino Fundamental. *In*: BARROS, E. M. D.; STRIQUER, M. dos S. D.; STORTO, L. J. (org.). **Propostas didáticas para o ensino da Língua Portuguesa**. Campinas: Pontes Editores, p. 113-134, 2018.

BAUMGÄRTNER, C. T. Orientações Curriculares e ensino de oralidade na escola. *In*: Costa-Hübes, Terezinha da Conceição (org.). **Práticas sociais de linguagem:** reflexões sobre oralidade, leitura e escrita no ensino. Campinas, SP: Mercado de Letras, 2015. p. 43-76.

BENFICA, M. F. B. **Atividades de retextualização em livros didáticos de português**: estudo dos aspectos linguístico-discursivos dos gêneros implicados. Tese (Doutorado) – FALE/UFMG, Belo Horizonte, 2013.

BILRO, F. K. S.; COSTA-MACIEL, D. A. G. Didatização do gênero seminário: análise do relato da prática docente. **Veredas – Revista De Estudos Linguísticos**, v. 21, n. especial, p. 267-306, 2017.

BRASIL. **Lei nº 13.005**, de 25 de junho de 2014. Aprova o Plano Nacional de Educação – PNE e dá outras providências. Diário Oficial da União, Brasília, DF. Disponível em: http://pne.mec.gov.br/18-planos-subnacionais-de-educacao/543-plano-nacional-de-educacao-lei-n-13-005-2014#content-lei. Acesso em: 18 jun. 2019

BRASIL. **Base Nacional Comum Curricular** (BNCC). Brasília: MEC. 2018. Disponível em: http://basenacionalcomum.mec.gov.br/images/BNCC_18jun_site. pdf. Acesso em: 18 jun. 2019.

BUENO, L.; COSTA-HÜBES, T. C. **Gêneros orais no ensino**. Campinas: Editora Mercado de Letras, 2015.

CHEVELLARD, Y. Del saber sabio al saber enseñado. Buenos Aires: AIQUE, 1998, 1. ed. 1991.

FÉLIX, S.; BARROS, E. M. D. **A apropriação do gênero "entrevista"**: a retextualização fala/escrita e o processo de letramento. Secretaria de Educação. Governo do Estado do Paraná. 2012. Disponível em:

http://www.diaadiaeducacao.pr.gov.br/portals/cadernospde/pdebusca/producoes_pde/2012/2012_uenp_port_artigo_samara_felix.pdf. Acesso em: mar. 2019.

BUENO, L. JACOB, A. E.; ZANI, J. Gêneros orais na Base Nacional Comum Curricular (BNCC): uma análise dos anos iniciais. *In*: MAGALHÃES, T. G.; CRISTOVÃO, V. L. L. **Oralidade e ensino de Língua Portuguesa**. Campinas, Pontes Editores, 2018.

FERRAZ, M. R. R.; GONÇALVES, A. V. Gêneros orais: práticas de ensino sem evidência. *In*: BUENO, L.; COSTA-HÜBES, T. C. (org.). **Gêneros orais no ensino.** Campinas: Mercado de Letras, 2015.

JACOB, A. E.; DIOLINA, K.; BUENO, L. Os gêneros orais na penúltima versão da Base Nacional Comum Curricular: implicações para o ensino. **Revista Horizontes**, v. 36, n. 1, 2018.

LEAL, T. F.; GOIS, S. **A oralidade na escola**: a investigação do trabalho docente como foco de reflexão. Belo Horizonte: Autêntica, 2012.

MAGALHÃES, T. G.; CRISTÓVÃO, V. L. L. **Oralidade e ensino de Língua Portuguesa**. Campinas: Pontes Editores, 2018.

MAGALHÃES, T. G.; CARVALHO, T. A. B. Análise do eixo da oralidade na Proposta Curricular de Língua Portuguesa da rede municipal de Juiz de Fora (MG). **Revista Brasileira de Estudos Pedagógicos**. Brasília, v. 99, n. 251, jan./abr. 2018.

MARCUSCHI, L. A. **Da fala para a escrita**: atividades de retextualização. São Paulo: Cortez, 2010.

MATENCIO, M. L. M. Atividades de (re)textualização em práticas acadêmicas: um estudo do resumo. **Revista Scripta**, Belo Horizonte, v. 6, n. 11, p. 109-122, 2º sem. 2002

MATENCIO, M. L. M. Referenciação e retextualização de textos acadêmicos: um estudo do resumo e da resenha. **Anais Do III Congresso Internacional da Abralin**, março de 2003.

MENDONÇA, M. **Imagem e texto explicando o mundo**: infográfico. *In*: MENDONÇA, M. Diversidade textual: propostas para a sala de aula. Formação continuada de professores/coordenado por Márcia Mendonça. Recife, MEC/CEEL, 2008. p.197-206.

NETO, J. C. C.; SANTOS, A. P. A retextualização como prática de produção de textos no Ensino Fundamental: os resultados de uma experiência. **Revista Letras e Letras**, v. 33, n. 2, 2017. Disponível em: http://www.seer.ufu.br/index.php/letraseletras/article/view/36832. Acesso em: abr. 2019.

RODRIGUES, S. G. C.; LUNA, E. A. A. O ensino de oralidade no contexto do Ensino Fundamental. *In*: RODRIGUES, S. G. C; LUNA, E. A. A.; COSTA-MACIEL, D. A. G. **Oralidade e leitura**: olhares plurais sobre linguagem e ensino. Recife: Editora da UFPE, 2016.

ROJO, R.; BARBOSA, J. P. **Hipermodernidade, multiletramentos e gêneros discursivos**. São Paulo: Parábola Editorial, 2015.

SCHNEUWLY, B. Palavra e ficcionalização: um caminho para o ensino da linguagem oral. *In*: SCHNEUWLY, B.; DOLZ, J. **Gêneros orais e escritos na escola**. Tradução e organização Roxane Rojo e Glaís Sales Cordeiro. Campinas: Mercado de Letras, 2004.

STREET, B. **Letramentos Sociais**: abordagens críticas do letramento no desenvolvimento, na etnografia e na educação. Tradução Marcos Bagno. 1. ed. São Paulo: Parábola, 2014.

STREET, B. Políticas e práticas de letramento na Inglaterra: uma perspectiva de letramentos sociais como base para uma comparação com o Brasil. **Cad. Cedes**, v. 33, n. 89, p. 51-71, 2013.

SWIDERSKI, R. M. S. Formação continuada de professores: a questão dos gêneros discursivos orais. *In*: COSTA-HÜBES, T. C.; ROSA, D. C. (org.). **A pesquisa na educação básica**: um olhar par a leitura, a escrita e os gêneros discursivos na sala de aula. Campinas: Pontes Editores, 2015.

ZÁTTERA, P.; SWIDERSKI, R. M. S.; MAGALHÃES, T. G. (In)compreensões sobre oralidade na BNCC. *In*: COSTA-HÜBES, T. C.; KRAEMER, M. A. D. **Uma leitura crítica da BNCC**: compreensões subjacentes Campinas, SP: Mercado de Letras, 2019. prelo).

CAPÍTULO 7

A BASE NACIONAL COMUM CURRICULAR BRASILEIRA E O LUGAR DA FONÉTICA, DA FONOLOGIA E DA VARIAÇÃO NO ENSINO FUNDAMENTAL ANOS FINAIS

Siane Gois Cavalcanti Rodrigues

INTRODUÇÃO

Com o objetivo de atingir a tão sonhada equidade educacional e de contribuir para eliminar as históricas desigualdades sociais no Brasil, o Governo Federal decidiu implementar um novo currículo para a Educação Básica: a Base Nacional Comum Curricular (BNCC). Em abril de 2013, especialistas em educação convidados pelo Ministério da Educação deram início ao debate. No mês de junho do ano seguinte, foi aprovado o Plano Nacional de Educação – PNE[1] (BRASIL, 2014), que previa a implantação da Base Nacional Comum Curricular (BNCC) até o mês de junho de 2016.

Assim, em junho de 2015, com o objetivo de elaborar o documento, formou-se um grupo de 116 pessoas, que atuavam como educadores, técnicos das secretarias estaduais e municipais de educação e professores de 38 universidades. Em julho de 2015, a fim de informar

---

[1] O Plano Nacional de Educação é um documento no qual devem-se basear os planos municipais, estaduais e distritais. Nele estão delineadas 20 metas para a educação nacional, as quais se organizam em blocos que tratam do acesso, da universalização da alfabetização e da ampliação da escolaridade e das oportunidades educacionais, da redução das desigualdades e da valorização da diversidade e, por fim, da valorização dos profissionais da educação.

a sociedade sobre a construção do documento e, também, de possibilitar a participação popular, foi lançado, pela Secretaria de Educação Básica, o portal BNCC.

A primeira versão do documento foi disponibilizada para consulta entre outubro de 2015 e março de 2016, recolhendo, segundo dados do *site* do Ministério da Educação,[2] "[...] 12 milhões de contribuições – individuais, de organizações e de redes de educação de todo o País –, além de pareceres analíticos de especialistas, associações científicas e membros da comunidade acadêmica" (BRASIL, 2017, p. 5). A segunda versão foi publicada em maio de 2016 e – também de acordo com o supramencionado documento – "passou por um processo de debate institucional em seminários realizados pelas Secretarias Estaduais de Educação em todas as Unidades da Federação" (BRASIL, 2017, p. 5). A terceira versão foi publicada no ano de 2017 e, por fim, em 2018, o documento definitivo foi lançado pelo Ministério da Educação.

A despeito do número de consultas públicas alardeado pelo atual governo – por meio, por exemplo, de propagandas nas mídias a que a quase totalidade da população tem acesso (TV, rádio, *internet*) – há, ainda, muitas críticas ao documento em fóruns acadêmicos presenciais e virtuais. Tudo isso significa que o processo de implementação de um currículo não se dá, naturalmente, de forma pacífica, consensual, mas envolve múltiplos posicionamentos axiológicos de indivíduos que são diretamente afetados pelas mudanças, justamente pelo seu caráter prescritivo, permeado por relações de poder.

A versão final da BNCC é o objeto de estudo da presente investigação a partir de uma perspectiva bem específica: aquela que busca descortinar o lugar reservado, em tal documento, à Fonética e à Fonologia. Tal objetivo tem como pressuposto o princípio de que tais áreas são tão importantes ao contínuo processo de reflexão linguística e de ampliação dos saberes dos discentes, quanto os demais níveis de análise, a exemplo da morfologia e da sintaxe, áreas que, tradicionalmente, ocupam largas extensões curriculares. Para tanto, realizou-se um estudo de natureza

---

[2] Disponível em: http://basenacionalcomum.mec.gov.br/images/pdf/0_BNCC-Final_Apresentacao.pdf. Acesso em: 03 ago. 2017.

qualitativa, por meio de uma análise de cunho interpretativo, que possibilitou a descrição e análise minuciosa dos dados.

A FONÉTICA E A FONOLOGIA NA EDUCAÇÃO BÁSICA BRASILEIRA

Desde o momento em que foi considerada como ciência, com a publicação da memorável obra póstuma saussuriana, no início do século passado, a linguística teve inúmeros desdobramentos e desenvolveu-se de maneira muito rápida. Nas últimas cinco décadas, tal desenvolvimento deu-se em diferentes direções – com o surgimento de campos como a sociolinguística, a pragmática, as análises do discurso, as teorias da enunciação e a linguística de texto – e objetivou incluir o extralinguístico, que não fora contemplado por Saussure no seu Curso de Linguística Geral.

Tais desdobramentos, naturalmente, não chegaram imediatamente às escolas, porquanto exigem um processo um tanto demorado de mudança curricular dos cursos de letras (e aqui nos referimos às Licenciaturas), o qual está atrelado aos necessários redirecionamentos da formação docente, tanto inicial como continuada. No caso do Brasil, a realidade é que muitos professores permanecem, ainda nos dias de hoje, alheios a esse processo, seja porque a sua formação inicial não lhes deu os subsídios teórico-metodológicos necessários, seja porque eles não têm acesso a bons cursos de formação continuada. A esse respeito, Cagliari afirma o seguinte:

> Na verdade, a evolução rápida e profunda por que passou a linguística moderna deixou muitos professores perplexos, não só diante do trabalho que vinham desenvolvendo ao longo dos muitos anos no próprio magistério, como também pelo fato de verem seus grandes mestres criticados, ou mesmo contestados, em questões fundamentais (CAGLIARI, 2009, p. 34-35).

As consequências do referido processo aos campos da Fonética e da Fonologia são bastante claras, quando se observa o mau desempenho em escrita de milhares de alunos que se submetem todos os anos ao Exame Nacional do Ensino Médio, que, não dominando como deveriam a ortografia de sua língua materna, produzem uma escrita oralizada. O fracasso do aluno reflete, como sabemos, o fracasso da escola, que não conseguiu cumprir a sua missão.

Em pesquisa realizada com um grupo de 28 professores das redes públicas estadual e municipal de ensino de Pernambuco, Rodrigues e Nascimento (2016) aplicaram um questionário, cujo objetivo era servir de material de coleta de dados para a análise do tratamento que os referidos docentes dispensavam a problemas de motivações fono-ortográficas verificados na produção escrita de alunos da Educação Básica brasileira nos mais diferentes níveis. Os resultados mostraram que a maioria esmagadora dos voluntários não possuía os subsídios teóricos mínimos necessários a uma intervenção pedagógica eficaz e produtiva na superação dos referidos problemas de escrita. Saliente-se que, tendo sido formados em letras, os níveis de atuação desses professores são o Ensino Fundamental Anos Finais e o Ensino Médio, fases da educação escolar em que os problemas de escrita de milhares de alunos, em vez de terem sido superados, vão-se sedimentando, numa realidade como a brasileira.

Tais dados são indicativos de que os professores de Português precisam dominar a Fonologia e a Fonética de sua língua materna, sob pena de não conseguirem entender: 1) o raciocínio linguístico dos seus alunos, quando eles cometem determinados desvios de grafia e 2) que muitos desvios possuem uma lógica, a qual, quando devidamente captada pelo docente, permite-lhe a construção de hipóteses teóricas, além de tirar do aluno a sensação de fracasso, porquanto ele passa a compreender que o seu desvio não é uma "aberração". Segundo Simões (2006, p. 62):

> [...] muitas das dificuldades atribuídas, no processo de ensino-aprendizagem do vernáculo, à heterogeneidade e à falta de prontidão (biológica ou psicológica) do alunado nada mais são que resultantes de ações pedagógicas impróprias e, muitas vezes, decorrentes de uma carência técnico-teórica docente no que se refere ao domínio da estrutura e do funcionamento da língua materna. Não que o docente seja descomprometido com o processo, mas, por falha na sua formação, não se tenha habituado à pesquisa e à reflexão sobre os temas que, no curso

de sua prática, venham a apresentar-se como problemáticos, carecendo, assim, de maior esclarecimento e de novos recursos táticos para explanação didática.

Nesse cenário, fica o questionamento acerca do papel da escola, no que diz respeito aos objetos de ensino da Língua Portuguesa. Isso porque o foco dado ao trabalho com os gêneros textuais, verificado especialmente nos anos que sucederam a publicação da primeira edição dos Parâmetros Curriculares Nacionais, em 1997, não resolveu o problema do mau desempenho em leitura e em escrita dos nossos alunos.

É importante que se diga que não estamos advogando em favor da formação em especialistas em Fonética e em Fonologia, mas da ampliação do espaço dessas áreas no currículo da Educação Básica como um todo, com vistas ao desenvolvimento, por parte dos alunos, da habilidade de refletir sobre a sua própria língua em suas diferentes dimensões. Como refere Cagliari (2009, p. 75):

> Se o objetivo da escola é ensinar como a língua portuguesa funciona, ela deve ensinar ao aluno fonética e fonologia também. [...] Por que não se ensina fonologia nas escolas? Certamente, na alfabetização, não é oportuno ensinar-se tudo sobre fonologia. O ensino precisa ser programado ao longo de todos os anos do ensino fundamental e médio.

À pergunta do autor ▫Por que não se ensina fonologia nas escolas?" há uma outra que lhe é anterior e que é respondida por ele próprio, também na supracitada obra: "Os currículos escolares determinam o ensino de fonologia nos diferentes níveis da Educação Básica, como o fazem com a morfologia e a sintaxe?" Eis a sua resposta, com a qual concordamos:

> Os currículos escolares, principalmente os que o professor de fato executa nas salas de aula, fazem os estudos girar em torno, sobretudo, da morfologia e da sintaxe, e isso do ponto de vista da escrita e do dialeto-padrão. Falta um estudo profundo da fonética, fonologia, semântica, sociolinguística, de gramática e de análise do discurso. Parece incrível, mas é verdade: as

pessoas estudam português durante tantos anos e não sabem como falam, quais os sons que realmente usam quando falam sua própria língua (CAGLIARI, 2009, p. 42).

A tais perguntas nós acrescentamos uma terceira, que está na base daquelas: O ensino da Fonética e da Fonologia é previsto pelas orientações curriculares nacionais em vigor? Essa pergunta é motivada pela constatação um tanto óbvia de que, se as instâncias responsáveis pela criação e implementação dos currículos não consideram que tais campos, assim como os demais níveis de análise da língua, são importantes para a formação linguística do aluno e suprimem ou aligeiram a sua presença nas orientações curriculares nacionais, elas, consequentemente, estarão ausentes das aulas de língua portuguesa e dos livros didáticos. A análise dos dados que segue é uma tentativa de responder à pergunta acima.

Apresentar, a partir de uma perspectiva historiográfica, o espaço reservado à Fonética e à Fonologia nas orientações curriculares oficiais foge aos objetivos da presente pesquisa e, nesse sentido, as nossas considerações limitar-se-ão a um recorte temporal específico, a partir da análise da recente Base Nacional Comum Curricular (BRASIL, 2017).

A FONÉTICA, A FONOLOGIA E A VARIAÇÃO NA BASE NACIONAL COMUM CURRICULAR

Apesar da importância do tema, foge aos objetivos desta pesquisa aprofundar a discussão teórica sobre o currículo e, dessa maneira, limitar-nos-emos, abaixo, à sucinta apresentação do aspecto estrutural do documento, para, então, procedermos à análise das seções que guardam direta relação com os objetivos da presente investigação.

O documento organiza-se da seguinte maneira: há a apresentação da BNCC, onde é possível conhecer as competências gerais para a Educação Básica, os marcos legais e os fundamentos pedagógicos do currículo, bem como questões relativas ao pacto federativo e à implementação do documento. Segundo o texto, o conjunto de competências delineadas ▫[ ] inter-relacionam-se e desdobram-se no tratamento didático proposto para as três etapas da Educação Básica (Educação Infantil, Ensino Fundamental e Ensino Médio), articulando-se na construção de conhecimentos, no desenvolvimento de habilidades e na formação de atitudes e valores, nos termos da LDB" (BRASIL, 2018, p. 8-9). Após as competências gerais, é apresentada, por meio de um organograma, a estrutura do documento. Por fim, são caracterizados todos os níveis de ensino que compõem a Educação Básica, bem como a sua organização é explicitada por áreas do conhecimento, quais sejam: Linguagens (Língua Portuguesa, Arte, Educação Física e Língua Inglesa), Matemática, Ciências da Natureza e Ciências Humanas (Geografia e História).

Uma análise prévia que efetuamos do texto como um todo mostrou-nos que os conteúdos relativos às áreas da Fonética e da Fonologia fazem-se explicitamente presentes na BNCC em todas a séries do Ensino Fundamental Anos Iniciais. Por sua vez, no Ensino Fundamental Anos Finais, dois fenômenos foram observados: ora há a menção a objetos do conhecimento cuja abordagem requer o trabalho com as disciplinas em pauta, mas elas não são referidas; ora elas são referidas nos objetos, mas não o são nas habilidades que lhes são correspondentes. Por oposição a esse quadro, a Morfologia é prevista para todos os anos desse nível de ensino e, também, para o Ensino Fundamental Anos Iniciais e a Morfossintaxe está presente do 3º ao 9º ano. Esse parco espaço reservado, nas orientações curriculares, aos saberes da Fonética e da Fonologia, em contraste com o lugar ocupado pela Morfossintaxe, tem como pressuposta a equivocada ideia de aquelas áreas somente são necessárias nos primeiros anos de escolaridade dos alunos, quando os discentes estão se apropriando da escrita e consolidando essa habilidade. Não poderíamos deixar de salientar que esse problema contraria os princípios da própria BNCC, porquanto o documento defende, como se pode ver no excerto abaixo, que os saberes relativos, por exemplo, à ortografia e à acentuação (os quais estão diretamente relacionados às áreas em estudo) devem transversalizar toda a escolaridade, numa perspectiva de progressão dos conhecimentos:

> O conhecimento da ortografia, da pontuação, da acentuação, por exemplo, deve estar presente ao longo de toda escolaridade, abordados conforme o ano da escolaridade. Assume-se, na BNCC de Língua Portuguesa, uma perspectiva de progressão de conhecimentos que vai das regularidades às irregularidades e dos usos mais frequentes e simples aos menos habituais e mais complexos (BRASIL, 2018, p. 115).

Esse dado, que é bastante relevante para esta investigação, fez com que precisássemos redefinir a metodologia da análise do documento em pauta. Em outros termos, o não reconhecimento da importância da Fonética e da Fonologia à formação linguística dos alunos no decorrer do Ensino Fundamental Anos Finais, verificado na insuficiente presença desses campos nos objetos do conhecimento elencados pelo documento, tornou imprescindível o redelineamento da estratégia de coleta dos dados. Assim, ao invés de utilizarmos as categorias de análise previamente selecionadas, as quais diziam respeito estritamente a conceitos da Fonética e da Fonologia, elaboramos novas categorias, com vistas a identificar habilidades cujo pleno desenvolvimento requeria, necessariamente, a abordagem das áreas em estudo. Ou seja, buscamos, no segmento da BNCC em análise, observar se conceitos da Fonética e da Fonologia faziam-se indiretamente presentes no texto.

Assim, antes de proceder à investigação do Ensino Fundamental Anos Finais, optamos por fazer um levantamento dos objetos do conhecimento e das habilidades delineadas para a disciplina de Língua Portuguesa para os quais os saberes da Fonética e da Fonologia são imprescindíveis. Com isso, objetivamos advogar em favor da ampliação do espaço reservado a essas áreas no currículo da Educação Básica brasileira. No Quadro 1 abaixo, apresentamos os dados da análise que vem a seguir:

Quadro 1: Práticas de linguagem, objetos do conhecimento e habilidades diretamente relacionados à Fonética e à Fonologia, previstos para o 6°, 7°, 8° e 9° anos

\multicolumn{3}{c}{Habilidades comuns do 6° ao 9° ano}		
PRÁTICA DE LINGUAGEM	OBJETOS DE CONHECIMENTO	HABILIDADES
\multicolumn{3}{c}{CAMPO JORNALÍSTICO-MIDIÁTICO}		
Oralidade	Produção de textos jornalísticos orais	(EF69LP10) Produzir notícias para rádios, TV ou vídeos, *podcast*s noticiosos e de opinião, entrevistas, comentários, *vlogs*, jornais radiofônicos e televisivos, dentre outros possíveis, relativos a fato e temas de interesse pessoal, local ou global e textos orais de apreciação e opinião – *podcasts* e *vlogs* noticiosos, culturais e de opinião, orientando-se por roteiro ou texto, **considerando o contexto de produção** e demonstrando domínio dos gêneros. (EF69LP12) Desenvolver estratégias de planejamento, elaboração, revisão, edição, reescrita/*redesign* (esses três últimos quando não for situação ao vivo) e avaliação de textos orais, áudio e/ou vídeo, **considerando sua adequação aos contextos em que foram produzidos**, à forma composicional e estilo de gêneros, a clareza, progressão temática e **variedade linguística** empregada, **os elementos relacionados à fala, tais como modulação de voz, entonação, ritmo, altura e intensidade**, respiração etc., os elementos cinésicos, tais como postura corporal, movimentos e gestualidade significativa, expressão facial, contato de olho com plateia etc.

Análise linguística/semiótica	Efeito de sentido	(EF69LP19) Analisar, em gêneros orais que envolvam argumentação, os **efeitos de sentido de elementos típicos da modalidade falada, como a pausa, a entonação, o ritmo**, a gestualidade e expressão facial, as hesitações etc.
CAMPO ARTÍSTICO-LITERÁRIO		
Leitura	Reconstrução da textualidade e compreensão dos efeitos de sentidos provocados pelos usos de recursos linguísticos e multissemióticos.	(EF69LP48) Interpretar, em poemas, efeitos produzidos pelo uso de recursos expressivos **sonoros (estrofação, rimas, aliterações etc.)**, semânticos (figuras de linguagem, por exemplo), gráfico espacial (distribuição da mancha gráfica no papel), imagens e sua relação com o texto verbal.
Oralidade	Produção de textos orais.	(EF69LP52) Representar cenas ou textos dramáticos, considerando, na caracterização dos personagens, **os aspectos linguísticos e paralinguísticos das falas (timbre e tom de voz, pausas e hesitações, entonação e expressividade, variedades e registros linguísticos)**, os gestos e os deslocamentos no espaço cênico, o figurino e a maquiagem e elaborando as rubricas indicadas pelo autor por meio do cenário, da trilha sonora e da exploração dos modos de interpretação.

Análise linguística/semiótica	Recursos linguísticos e semióticos que operam nos textos pertencentes aos gêneros literários.	(EF69LP54) Analisar os efeitos de sentido decorrentes da interação entre os elementos linguísticos e os recursos paralinguísticos e cinésicos, **como as variações no ritmo, as modulações no tom de voz, as pausas, as manipulações do estrato sonoro da linguagem, obtidos por meio da estrofação, das rimas e de figuras de linguagem como as aliterações, as assonâncias, as onomatopeias,** dentre outras, a postura corporal e a gestualidade, na declamação de poemas ...
	TODOS OS CAMPOS DE ATUAÇÃO	
Análise linguística/semiótica	Variação Linguística	(EF69LP55) Reconhecer as **variedades da língua falada**, o conceito de norma-padrão e o de preconceito linguístico.
	Habilidades comuns ao 6º e ao 7º ano	
	TODOS OS CAMPOS DE ATUAÇÃO	
Análise linguística/semiótica	Fono-ortografia	(EF67LP32) Escrever palavras com correção ortográfica, obedecendo as convenções da língua escrita.
	Habilidade do 8º ano	
	TODOS OS CAMPOS DE ATUAÇÃO	
Análise linguística/semiótica	Fono-ortografia	(EF08LP04) Utilizar, ao produzir texto, conhecimentos linguísticos e gramaticais: ortografia, regências e concordâncias nominal e verbal, modos e tempos verbais, pontuação etc.

Fonte: BRASIL, 2018 – adaptado – Grifos nossos.

As habilidades constantes do Quadro 1, apesar de preverem ações imprescindíveis ao trabalho com o texto literário, não podem ser desenvolvidas plenamente, porquanto encontram-se desarticuladas dos saberes da Fonética e da Fonologia, indispensáveis a uma reflexão que contemple a complexidade dos gêneros que compreendem o domínio da literatura. Perde-se, com isso, uma cara oportunidade de realização de um trabalho que interrelacione os conhecimentos linguísticos e a referida área e perpetua-se a histórica dicotomia entre ensino de gramática e ensino de literatura que sempre caracterizou o currículo da Educação Básica Brasileira.

Noutros termos, para o desenvolvimento de tais habilidades é imprescindível o domínio, pelos alunos, de conteúdos da Fonética e da Fonologia que não são previstos pela BNCC em nenhum momento do Ensino Fundamental Anos Finais e são apenas introdutoriamente (como não poderia deixar de ser) abordados no nível de ensino que lhe antecede. Isso significa que, em se tratando dos campos em estudo, inexiste o imprescindível diálogo entre os conhecimentos linguísticos e a literatura, nos diferentes anos do Ensino Fundamental. Para listar alguns dos conteúdos que ao primeiro caberia determinar (para que fossem, então, retomados pelo segundo), tomamos emprestadas as palavras de Veloso e Rodrigues (2002), em sua defesa em favor da ampliação do espaço da Fonética e da Fonologia no ensino básico e secundário de Portugal. Como já citamos aqui, é necessário, segundo os autores, conscientizar os alunos acerca dos "[...] aspectos musicais, fônicos e rítmicos da linguagem", e isto poderia ser feito por meio de atividades como

> [...] o estabelecimento de tabelas de correspondências regulares entre sons e letras; a contagem de número de sons, letras e sílabas de palavras isoladas; o registro das variações fonéticas de uma mesma palavra; a reprodução de contorno entoacionais distintivos; transcrições fonéticas sumárias; a produção explícita e deliberada de rimas e aliterações (VELOSO; ROGRIGUES, 2002, p. 235).

Dando continuidade à análise do Quadro 1, verificamos que ele traz um dado relevante, que é o número restrito de habilidades relativas à variação linguística: há apenas a EF69LP55, que é comum aos quatro anos do Ensino Fundamental Anos Finais. É improvável que haja o desenvolvimento consistente de tal habilidade, por duas razões: não há, em nenhum ano do Ensino Fundamental, um tratamento da variação como princípio transversal aos níveis da língua e, consequentemente, o documento não favorece a formação de uma base teórica suficientemente consistente. Além disso, a ação de "Reconhecer as variedades da língua falada, o conceito de norma-padrão e o de preconceito linguístico" é demasiadamente ampla, considerando-se o grande número de dialetos da Língua Portuguesa no Brasil. É, também, inespecífica, porquanto está dissociada, em todo o documento, dos diferentes níveis de análise da língua (como o fonológico, o morfológico e o sintático), o que é condição suficiente para a classificarmos como inexequível.

O tratamento da variação linguística como um conteúdo de Língua Portuguesa, em vez de um princípio que transversaliza os níveis de análise, não se verifica apenas na BNCC, mas também nas orientações curriculares que a antecedem. Tal problema leva à esteriotipação da variação, que fica restrita apenas ao social e ao regional, quando deveria transversalizar os conteúdos, como princípio constitutivo das línguas naturais.

Um professor que tenha uma concepção sociointerativa de língua (que é justamente o que a BNCC se propõe a adotar) compreende que não é possível dar aulas de língua desconsiderando o conjunto de variedades que a constitui, pois aquela norma que está sendo ensinada na escola convive com outras variantes. No campo da sintaxe, por exemplo, dizer "Quero não" em vez de "Não quero" significa que há variantes em concorrência. Questão semelhante acontece na fonética, no caso da pronúncia da palavra "pasta" como [▫pa▫ta] ou ['pasta], para citar apenas um exemplo dentre centenas de outros.

A esse fato acrescente-se um outro, bastante emblemático, que nos chamou a atenção: na página 184, que trata dos saberes relativos ao 8º e ao 9º ano, a prática de linguagem da oralidade, no texto relacionada ao Objeto do Conhecimento "conversação espontânea", está esmiuçada numa habilidade, a (EF89LP27), que sequer toca na problemática da variação linguística, cujo texto é: "Tecer considerações e formular problematizações pertinentes, em momentos oportunos, em situações de aulas, apresentação oral, seminário etc." (BRASIL, 2018, p. 185). Como se sabe, ao objeto citado é imprescindível a abordagem da variação nos diferentes níveis de análise da língua e, em especial, no da fonética/ fonologia, porquanto a variação no nível dos sons é a primeira que é percebida nas interações orais. A essa grave lacuna, some-se a notória vagueza do texto em questão.

Para ilustrar essa questão, tome-se um fenômeno muito frequente no português brasileiro, especialmente nas conversações espontâneas, que é o apagamento do "r" ortográfico em posição de coda silábica, como em cantar/[kã'ta]. De acordo com Callou et al. (2015, p. 197), ele é verificado em diferentes áreas dialetais do território brasileiro e possui fatores relevantes como "[...] classe morfológica, dimensão do vocábulo (saliência fônica), contexto fonológico subsequente, além da região de origem do falante, faixa etária e gênero". Com base nos dados do Atlas Linguístico do Brasil (CARDOSO et al., 2014), a autora afirma que ele acontece em todas as vinte e cinco capitais brasileiras investigadas no projeto. Apesar de esse processo vir sendo objeto de investigação de vários linguistas, ele é completamente ignorado pela BNCC.

Considerando o relevo desse apagamento para o português do Brasil, a sua abordagem em sala de aula pode ser uma profícua maneira de o professor tratar do condicionamento das mudanças fonéticas à situação de comunicação em que se encontram os falantes, de maneira que, na fala informal, a tendência é o seu completo apagamento, enquanto que, numa fala monitorada e formal, o falante pode optar por evitar tal supressão. Tal estratégia exigiria, também, o trabalho com a estrutura da sílaba do Português, conteúdo que não é previsto para nível de escolaridade em análise.

Uma análise prévia que fizemos da versão da BNCC que foi publicada no ano de 2017 (BRASIL, 2017) mostrou que a versão de 2018 omitiu importantes habilidades que constavam daquele texto, tais como as que abordavam a problemática do preconceito linguístico (atrelado à discriminação e à dominação) e do respeito à variação linguística, respectivamente. Tais habilidades, essenciais ao combate à estigmatização dos dialetos dos grupos de menor prestígio social, requerem saberes da Fonética e da Fonologia que são, portanto, essenciais a todas as séries da Educação Básica. Com vistas a fazer mais uma ilustração dos argumentos aqui tecidos, façamos um breve relato do estudo realizado por Costa e Telles (2013).

Ancoradas em estudos sociolinguísticos e ecolinguísticos, as autoras analisaram as falas de dois moradores de Tejucupapo, distrito que pertence à zona rural do município de Goiana (PE), com o objetivo de avaliar diferenças e semelhanças fonético-fonológicas em seus dialetos. Os informantes eram irmãos, moravam juntos e havia uma pequena diferença de idade entre eles. Porém, um deles era analfabeto e outro, estudante do 8º ano do Ensino Fundamental. As pesquisadoras verificaram relevantes idiossincrasias na fala desses dois irmãos, as quais eram motivadas por fatores como diferença de nível de escolaridade, participação em redes sociais distintas, diferentes formas de interação com o ambiente etc.

Os exemplos que selecionamos limitam-se aos dados relativos ao dialeto do informante não alfabetizado, porquanto o grupo de pessoas ao qual ele pertence é, invariavelmente, vítima de preconceito linguístico e as autoras verificaram que o dialeto do informante alfabetizado aproxima-se mais da fala culta da capital pernambucana (o Recife), ainda que não seja considerado como tal.

As palavras "dois", "flor", "igual", "estátua" e "garfo" foram pronunciadas por ele da seguinte maneira: ['doj]; ['fɔo]; [ɔ'gɔaw]; [iɔ'tawtɔ] e ['gawfɔ], o que corresponde, respectivamente, aos processos fonológicos de apócope, rotacismo, epêntese, metátese e vocalização. São fenômenos que estão presentes no dialeto de milhares de brasileiros que residem nas diferentes regiões do país. Por conseguinte, os alunos pertencentes às camadas menos abastadas da população, que constituem a grande maioria dos estudantes da educação básica pública brasileira, praticam-nos ou escutam-nos no seu dia a dia.

Não resta dúvidas de que a escola não pode, pois, furtar-se à responsabilidade de discuti-los, tanto do ponto de vista ideológico, porquanto todo preconceito linguístico é essencialmente socioeconômico, quanto do ponto de vista linguístico. O dialeto do falante acima citado remete aos usos de grupos sociais formados por indivíduos pobres e sem escolaridade (característica social), residentes na zona rural de um estado nordestino (características regionais e rurais).

A discussão acerca dos aspectos extralinguísticos dos fenômenos citados não prescinde da abordagem, em sala de aula, do seu aspecto linguístico, que diz respeito, no caso em pauta, aos processos fonológicos. Em se tratando da Fonética e da Fonologia, seriam necessários, especialmente, os seguintes conteúdos: a estrutura da sílaba, a articulação dos segmentos consonantais e vocálicos, os fonemas, fones e alofones do Português. Enquanto a questão da variação linguística existir nos documentos oficiais reguladores do ensino, dissociada dos diferentes níveis de análise da língua, a escola continuará a tratá-la em momentos pontuais e de maneira superficial.

Conforme afirmado anteriormente, dois fenômenos foram verificados quando procuramos desvelar o lugar da fonética e da fonologia na BNCC: ora há a menção a objetos do conhecimento cuja abordagem requer o trabalho com as disciplinas em pauta, mas elas não são referidas; ora elas são referidas nos objetos, mas não o são nas habilidades que lhes são correspondentes. Na observação do Quadro 1, voltemos, primeiramente, a nossa atenção ao primeiro grupo.

Nas habilidades (EF69LP10) e (EF69LP12), as quais pertencem ao Campo Jornalístico-Midiático e cujo Objeto do Conhecimento é a Produção de textos jornalísticos orais, verifica-se a referência à necessidade de o aluno, na prática de produção de gêneros jornalísticos, considerar o "contexto de produção". Como se sabe, é no nível dos sons onde as diferenças entre as variantes linguísticas de uma dada língua são mais rapidamente desveladas e percebidas. No caso da fonética e da fonologia, é imprescindível que o estudante conheça todos os fonemas e respectivos alofones de sua língua materna e perceba, pelo menos de maneira geral, a área dialetal em que tais usos se dão. Trata-se de um trabalho de sensibilização para os aspectos fonéticos e fonológicos, que é imprescindível para que o aluno, que já despertou, em situações extra-escolares, para a variação dialetal, tenha acesso a discussões teóricas acerca dessa questão e, assim, suas percepções não se limitem ao senso comum.

Observaram-se, no Campo Artístico-Literário, 3 habilidades (EF69LP48, EF69LP52 e EF69LP54) que, assim como as 2 acima explanadas, interligam-se a objetos do conhecimento cuja abordagem requer o trabalho com as disciplinas em pauta, mas elas não são referidas. Além destas, há a EF69LP19, do Campo Jornalístico-Midiático, que tem a mesma característica. Essas 4 habilidades têm como pilares palavras-chave como: elementos típicos da modalidade falada, como a pausa, a entonação, o ritmo; recursos expressivos sonoros (estrofação, rimas, aliterações); aspectos linguísticos e paralinguísticos das falas (timbre e tom de voz, pausas e hesitações, entonação e expressividade); variações no ritmo, modulações no tom de voz, pausas, manipulações do estrato sonoro da linguagem, obtidos por meio da estrofação, das rimas e de figuras de linguagem como as aliterações, as assonâncias, as onomatopeias.

O trabalho com tais categorias teóricas requer o despertar da sensibilidade auditiva dos alunos. A esse respeito, Veloso e Rodrigues (2002), que defendem, de maneira contundente, a ampliação do espaço da Fonética e da Fonologia no currículo da Educação Básica e Secundária em Portugal, afirmam que essa sensibilização deve anteceder a abordagem da homofonia e da aliteração levando os alunos a perceberem:

> [...] de forma consciente, dos aspectos musicais, fónicos e rítmicos da linguagem, fazendo com que aprendam a explorar, em consequência dessa consciencialização, aspectos como a diferença entre som e escrita ou as relações entre semelhança e dissemelhança fonética entre palavras (VELOSO; RODRIGUES, 2002, p. 234).

Passemos, agora, ao segundo fenômeno verificado no Quadro 1: as áreas em pauta são referidas explicitamente nos objetos de conhecimento, mas não o são nas habilidades que lhes são correspondentes. Ainda que de maneira desarticulada dos demais conteúdos, o documento estipula, para o 7º e o 8º ano, como Objeto do Conhecimento, a fono-ortografia. Entretanto, a habilidade EF67LP32 a ele relacionada, que é "Escrever palavras com correção ortográfica, obedecendo as convenções da língua escrita" (BRASIL, 2018, p. 170-171), não aborda a relação grafema/fonema. Além disso, o último ano em que os conteúdos da fonética e da fonologia estão presentes no texto é o 5º, o que mostra que há uma descontinuidade entre os saberes relativos às áreas em pauta. Além dessa habilidade, há uma segunda (e última) voltada à fono/ortografia, que é a EF08LP04 "Utilizar, ao produzir texto, conhecimentos linguísticos e gramaticais: ortografia, regências e concordâncias nominal e verbal, modos e tempos verbais, pontuação etc." (BRASIL, 2018, p. 186). Observe-se que, de forma semelhante à EF67LP32, a EF08LP04, que é do oitavo ano, menciona o termo "ortografia", mas de forma genérica, pois não faz referência a saberes que lhe são imprescindíveis, como as relações regulares, irregulares, arbitrárias e contextuais da relação grafema/fonema. A habilidade em referência é, na verdade, genérica e inespecífica em sua totalidade, uma vez que o problema apontado também se aplica às demais áreas as quais ela faz referência, como a morfologia e a sintaxe.

Importante que fique claro que defendemos uma perspectiva de ensino de língua que dê aos alunos as condições necessárias à mobilização, nas mais diversas atividades de linguagem da vida escolar e, especialmente, da vida extraescolar, dos saberes construídos na escola. Tal concepção exige, naturalmente, um trabalho reflexivo sobre o fenômeno linguístico, que, por sua vez, requer a não-compartimentalização dos objetos do conhecimento no processo de ensino e de aprendizagem. Assim, gostaríamos de tecer uma breve reflexão acerca da abordagem dos conteúdos pela BNCC (BRASIL, 2018). Para tanto, valemo-nos brevemente da reflexão de Demo (2004) sobre o que ele denomina de "cultura do instrucionismo". Tal cultura é encarada pelo autor como um dos maiores obstáculos do sistema educacional, porque é pautada na histórica ação escolar de reprodução, repasse e transferência do conhecimento, em detrimento de sua construção. Nesse sentido, o currículo é encarado como um conjunto de matérias que devem ser memorizadas pelo aluno e a aula é do tipo reprodutivo e, portanto, não instiga, não produz e não reconstrói conhecimento.

À superação de tal modelo, urge, segundo o autor, encarar o processo de aprendizagem como algo "[...] dinâmico, complexo, não linear, de teor autopoiético, hermenêutico, tipicamente interpretativo, fundado na condição de sujeito que participa desconstruindo e reconstruindo o conhecimento" (DEMO, 2004, p. 60). A formação desse sujeito capaz de desconstruir e de reconstruir o conhecimento, posicionando-se axiologicamente frente ao mundo, é uma ação complexa, já que demanda, dentre outros fatores, boa formação inicial e continuada, valorização da carreira docente e adequadas condições materiais das escolas. Além disso, tal ação está necessariamente vinculada a uma concepção de ensino, a qual precisa ser materializada nos projetos políticos pedagógicos das escolas e nas orientações curriculares oficiais. Foge aos nossos objetivos, entretanto, o aprofundamento na discussão sobre currículo, mas fazemos esse parêntese para refletir sobre os enunciados de algumas[3] das habilidades em análise, com o intuito de descortinar se a natureza da abordagem dos conteúdos que as estruturam é pautada numa perspectiva transmissiva ou reflexiva.

A habilidade EF69LP19, que é do 6º ao 9º ano, tem a Análise Linguística/Semiótica como Prática de Linguagem; Efeito de Sentido como Objeto do Conhecimento e está definida nos seguintes termos, conforme o Quadro 1: "Analisar, em gêneros orais que envolvam argumentação, os efeitos de sentido de elementos típicos da modalidade falada, como a pausa, a entonação, o ritmo, a gestualidade e expressão facial, as hesitações etc." (BRASIL, 2018, p. 144).

A ação de analisar efeitos, longe de possuir caráter transmissivo, está intrinsecamente relacionada com outras habilidades cujos verbos pressupõem posicionamento crítico, construção e reconstrução do co-

---

[3] Não analisamos os enunciados de todas as habilidades porque eles são semelhantes quanto ao modo como descrevem as ações a serem desenvolvidas. Assim, os textos analisados são das mesmas habilidades que foram investigadas, do ponto de vista linguístico, anteriormente.

nhecimento. É isso o que acontece com o texto que descreve uma outra habilidade, prevista para o mesmo período, a EF69LP54, "Analisar os efeitos de sentido decorrentes da interação entre os elementos linguísticos e os recursos paralinguísticos e cinésicos" (BRASIL, p. 160).

Para desenvolver a habilidade EF69LP48 "Interpretar, em poemas, efeitos produzidos pelo uso de recursos expressivos sonoros (estrofação, rimas, aliterações etc.), semânticos (figuras de linguagem, por exemplo), gráfico espacial (distribuição da mancha gráfica no papel), imagens e sua relação com o texto verbal" (BRASIL, 2018, p. 158) também do 6º ao 9º ano, é preciso identificar, em se tratando de poemas regionalistas, por exemplo, marcas dialetais representativas de determinada região. Já a EF69LP52 "Representar cenas ou textos dramáticos, considerando, na caracterização dos personagens, os aspectos linguísticos e paralinguísticos das falas (timbre e tom de voz, pausas e hesitações, entonação e expressividade, variedades e registros linguísticos", requer, naturalmente, posicionamento crítico, questionamento na ação de situar as personagens em seus grupos sociais, a fim de identificar marcas dialetais representativas de sua idade, da região em que vivem, do seu nível de escolaridade, de sua classe social etc.

CONSIDERAÇÕES FINAIS

A análise dos dados mostrou que objetos do conhecimento do campo da Fonética, da Fonologia e da Variação da Linguística são insuficientemente previstos pela Base Nacional Comum Curricular (BRASIL, 2018), apesar de serem imprescindíveis à reflexão sobre a língua e à ampliação dos saberes linguísticos dos alunos da Educação Básica. Tal problema inviabiliza o pleno desenvolvimento de habilidades determinadas pelo próprio documento para as diferentes Práticas de Linguagem e Objetos do Conhecimento. A Variação Linguística, por sua vez, ao ser considerada como um Objeto do Conhecimento e não como princípio constitutivo das línguas naturais, que, portanto, transversaliza todos os níveis de análise linguística, é tratada de forma superficial. Apesar dos problemas elencados, as escolhas lexicais feitas no delineamento das habilidades pressupõem ações que, em oposição a uma cultura instrucionista, segundo a qual o aluno é um mero depósito de conteúdos, requerem dele posicionamento crítico, construção e reconstrução do conhecimento.

REFERÊNCIAS

BRASIL, Ministério da Educação. **Parâmetros Curriculares Nacionais para o Ensino Fundamental**. Brasília, MEC/SEF, 1997.

BRASIL. **Plano Nacional de Educação** – PNE/Ministério da Educação. Brasília: INEP, 2014.

BRASIL. Ministério da Educação. **Base Nacional Comum Curricular**. Brasília: MEC, 2017. Disponível em: http://basenacionalcomum.mec.gov.br/images/BNCC_publicacao.pdf. Acesso em: 04 abr. 2018.

BRASIL. Ministério da Educação. **Base Nacional Comum Curricular**. Documento homologado pela Resolução nº 4, de 17 de dezembro de 2018, publicada no Diário Oficial da União de 18/12/2018, Seção 1, p. 120. Brasília, 18 de dezembro de 2018. Disponível em: http://basenacionalcomum.mec.gov.br/images/BNCC_publicacao.pdf. Acesso em: 10 set. 2019.

CAGLIARI, L. C. **Alfabetização e Linguística**. 11. ed. São Paulo: Scipione, 2009.

CALLOU, D. *et al*. Mudança em Curso no Português Brasileiro: o Apagamento do R no Dialeto Nordestino. **Revista da ABRALIN**, v. 14, n. 1, 2015, p. 195-219.

CARDOSO, S. A. *et al*. **Atlas Linguístico do Brasil**. Cartas Linguísticas. v. 2. Londrina: EDUEL, 2014.

COSTA, Paula M.; TELLES, S. Variação Fonológica do Português Popular: um Estudo na Comunidade Tradicional de Tejucupapo. *In*: IV Simpósio Mundial de Estudos de Língua Portuguesa, Goiânia. **Anais do IV SIMELP** – Simpósio Mundial de Estudos de Língua Portuguesa, 2013.

DEMO, P. **Aprendizagem no Brasil**: ainda muito por fazer. Porto Alegre: Editora Mediação, 2004.

RODRIGUES, S. G. C.; NASCIMENTO, G. R. P. Compreensão de professores de língua portuguesa acerca da natureza de fenômenos relacionados à fonética e à fonologia subjacentes à dificuldade de escrita de estudantes do ensino básico. **Revista Letras e Letras**, v. 32/4, jul./dez. 2016. Universidade Federal de Uberlândia (MG). Disponível em: http://www.seer.ufu.br/index.php/letraseletras. Acesso em: 08 ago. 2017.

SIMÕES, D. **Considerações sobre a fala e a escrita**: fonologia em nova chave. São Paulo: Parábola Editorial, 2006.

VELOSO, J.; RODRIGUES, A. S. A presença da fonética e da fonologia no ensino do português (ensino básico e secundário): algumas considerações preliminares. *In*: DUARTE, I. M. *et al.*, **Anais do Encontro Comemorativo dos 25 anos do Centro de Linguística da Universidade do Porto,** v. 1, Porto, C.L.U.P., 2002, p. 231-246. Disponível em: https://bibliotecadigital.ipb.pt/handle/10198/3314. Acesso em: 20 ago. 2017.

SOBRE OS AUTORES E AUTORAS

Ana Carolina Perrusi Brandão é professora do Centro de Educação e da Pós graduação em Educação da Universidade Federal de Pernambuco (UFPE). É PhD em Psicologia pela University of Sussex e, atualmente, desenvolve pesquisas sobre práticas de letramento e processos iniciais de apropriação da linguagem escrita por crianças. É membro do Centro de Estudos em Educação e Linguagem (CEEL), integrando equipes para elaboração de livros, jogos didáticos e formação de professores. Desde 2012, assumiu a função de coordenadora de ações pedagógicas do Centro Municipal de Educação Infantil Professor Paulo Rosas que funciona no campus da UFPE.
E-mail: ana.brandao@ufpe.br

Clecio dos Santos Bunzen Júnior é Doutor em Linguística Aplicada pela Universidade Estadual de Campinas (UNICAMP) e desenvolve atualmente uma investigação de pós-doutorado na Universidade do Minho. É professor dos cursos de graduação em Letras e Pedagogia da UFPE, atuando também no Mestrado Profissonal em Letras (PROFLETRAS). É membro do Centro de Estudos em Educação e Linguagem (CEEL/UFPE) e coordena o Grupo de Pesquisa Livros Didáticos de Português (GPLDP). Suas pesquisas atuais envolvem aspectos da educação literária e da educação linguística, com destaque para o trabalho com leitura e gêneros na educação básica e na formação inicial e continuada de professores.
E-mail: clecio.bunzen@gmail.com

Débora Amorim Gomes da Costa-Maciel é Doutora em Educação pela Universidade Federal de Pernambuco (UFPE). Atua como professora do Programa Graduação em Pedagogia e de PósGraduação em Educação e PROFLETRAS da Universidade de Pernambuco, *Campus* Mata Norte. É membro do Centro de Estudos em Educação e Linguagem (CEEL/UFPE) e coordena o Grupo de Pesquisa em Educação, Letramento, Oralidade e Alfabetização (ELOA). Trabalha na área de Educação, com ênfase na didática do ensino da língua portuguesa, no contexto da educação básica.
Email: debora.amorim@upe.br

Éwerton Ávila dos Anjos Luna é Doutor em Linguística pela Universidade Federal da Paraíba (PROLING/UFPB), com período sanduíche no Departamento de Educação e Psicologia da Universidade de Aveiro (UA/Portugal). Licenciado em Língua Portuguesa/Inglesa e Mestre em Letras pela Universidade Federal de Pernambuco (UFPE). É professor da Universidade Federal Rural de Pernambuco (UFRPE), onde atua com a formação de professores de Português e com pesquisas na área de Linguagem e Ensino. Atualmente coordena a área de Letras do Programa Institucional de Iniciação à Docência (PIBID/UFRPE) e é membro do Centro de Estudos em Educação e Linguagem (CEEL/UFPE).
E-mail: ewertonavila2@gmail.com

Hérica Karina Cavalcanti de Lima é Doutora em Educação pela Universidade Federal de Pernambuco (UFPE), na linha de pesquisa Educação e Linguagem, com período sanduíche no Laboratório de Investigação em Ensino de Português (LEIP), do Departamento de Educação e Psicologia da Universidade de Aveiro/Portugal. É também Mestra em Educação pela UFPE, na linha de pesquisa Didática de Conteúdos Específicos, e Especialista em Língua Portuguesa pela Universidade de Pernambuco (UPE), Campus Mata Norte, instituição pela qual também é licenciada em Letras. É Professora Adjunta do Departamento de Letras da UFRPE, Docente Colaboradora do Mestrado Profissional em Letras da UFPE e Membro Associada do Centro de Estudos em Educação e Linguagem (CEEL/UFPE). Realiza pesquisas e trabalhos nas áreas de ensino de língua materna, formação de professores, currículo e materiais didáticos de português.
E-mail: hkarinacl@yahoo.com.br

Iran Ferreira de Melo é doutor em Letras pela Universidade de São Paulo. Desenvolve atividades acadêmicas sob os paradigmas dos estudos de interface entre gênero, sexualidade e linguagem, dos estudos críticos do discurso e da linguística aplicada ao ensino-aprendizagem de língua portuguesa como idioma materno. Atualmente, é professor da Universidade Federal Rural de Pernambuco, onde leciona no curso de Letras e no Programa de Pós-Graduação em Estudos da Linguagem. Nesta mesma universidade, coordena o Núcleo de Estudos Queer e Decoloniais.
E-mail: iranmelo@hotmail.com

Siane Gois Cavalcanti Rodrigues é doutora em Letras pela UFPE e Professora Associada do Departamento de Letras da mesma Universidade, onde atua no Programa de Pós-Graduação Acadêmico (PPGL/UFPE). Realizou estágio de Pós-doutorado em Fonética, Fonologia e Ensino da Língua Portuguesa na Universidade de Aveiro/

Portugal. Orienta dissertações de mestrado e teses de doutorado. Ministra aulas na graduação presencial e a distância, é membro do NUCEPI (Núcleo de Estudos em Compreensão e Produção Interlinguísticas) e do CEEL (Centro de Estudos em Educação e Linguagem). Durante dez anos, foi professora da Secretaria de Educação do Estado de Pernambuco e atuou como Técnica em Educação, na Gerência de Políticas Educacionais, onde planejou, ministrou e supervisionou cursos de formação continuada. Tem experiência na área de Letras (com ênfase em Fonética, Fonologia e Ensino da Língua Portuguesa e em Leitura e de Produção de Texto), atuando, também, com as Teorias da Enunciação e a Análise Dialógica do Discurso.
E-mail: sianegois@yahoo.com.br

Sônia Virginia Martins Pereira é Doutora em Letras pela Universidade Federal de Pernambuco (UFPE) e compõe o corpo docente do Departamento Letras, do Centro de Artes e Comunicação, da UFPE. É membro do Centro de Estudos em Educação e Linguagem (CEEL/UFPE) e dos grupos de pesquisa Núcleo de estudos em compreensão e produção interlinguísticas (NUCEPI); Texto, escrita e sala de aula (TEcSA); Letramentos e práticas discursivas (LePraDis). Desenvolve pesquisa atual sobre novos construtos teórico-metodológicos em práticas docentes, no ensino de português e sobre produção, consumo, edição e circulação de gêneros acadêmicos.
E-mail: soniavmpereira@gmail.com

Tânia Guedes Magalhães é graduada em Letras (UFJF), mestre em Linguística (UFJF) e doutora em Letras/Estudos Linguísticos (UFF). É professora dos cursos de graduação em Letras e Pedagogia da UFJF, desde 2010, atuando também no Programa de Pós-Graduação em Educação na linha ▫Linguagens, Culturas e Saberes▫. No Grupo de Pesquisa Linguagem, Ensino e Práticas Sociais, desenvolve pesquisas na área de gêneros textuais, letramentos e suas relações com a formação de professores de Língua Portuguesa.
E-mail: tania.magalhaes95@gmail.com

Telma Ferraz Leal é professora do Departamento de Métodos e Técnicas de Ensino e da Pós graduação em Educação da Universidade Federal de Pernambuco (UFPE). É Doutora em Psicologia na Universidade Federal de Pernambuco, com Pós-Doutorado em Educação pela Universidad de Buenos Aires; atualmente, desenvolve pesquisas sobre alfabetização e ensino de língua portuguesa, heterogeneidade e prática docente. É membro do Centro de Estudos em Educação e Linguagem (CEEL), integrando equipes para elaboração de livros, jogos didáticos e formação de professores.
E-mail: telmaferrazleal36@gmail.com